Desserts

die mein Leben begleiten

Johann Lafer

Desserts

die mein Leben begleiten

Falken

Inhalt

Am Anfang war das Süße ...

als Eva ihren Adam mit dem Apfel verführte. Seitdem steht „das Süße" für Verführung und Lust.
Schneller als Schokolade schmelzen linienbewusste Damen und joggende Manager beim Anblick süßer Verlockungen dahin. Kinder sind ganz verrückt nach süßen Sachen und wenn Sie an Ihre eigene Kindheit zurückdenken, werden Sie sich sicher auch daran erinnern, wie schön eine süße Belohnung war.

Für mich gibt es kein kulinarisches Erlebnis, kein sinnliches Vergnügen ohne einen süßen Abschluss, ein Dessert. Es ist für mich ein Zeichen des Vollkommenen, des Zusätzlichen, wird es doch am Ende eines Essens gereicht, wenn der Hunger bereits auf das Angenehmste gestillt ist. Doch sind es nicht die Zusätzlichen, fast überflüssigen Dinge, die uns das Leben versüßen und ein menschliches Wohlbefinden bereiten?

Irgendwann wurde mir bewusst, dass dem Genuss von Desserts etwas vorausgeht, das auf mich einen ganz besonderen Reiz ausübt. Etwas Aufregendes, Kreatives, Sinnliches, nämlich das Zubereiten derselben.
So experimentierte ich mit größtem Vergnügen und Hingabe. Mein großes Ziel war es, die Zubereitung von Desserts zu beeinflussen, zu verändern und ihnen eine neue Bedeutung zu geben. Das süße Ende eines Mahls hat es verdient, in ebenbürtiger Form gewürdigt und genossen zu werden, wie all die vorangegangenen Speisen. Dazu mussten neue Dessertkreationen das Feld erobern! Nichts gegen Schwarzwaldbecher, Pfirsich Melba und andere Klassiker, die auf vielen Speisekarten zu finden sind. Aber sollte das alles gewesen sein, bei den wunderbaren Früchten, Aromen, Kräutern und sonstigen Zutaten, die uns die Erde schenkt? Hat nicht auch das Auge ein Recht auf diese ungeheure Vielfalt der Formen, Farben und Konsistenzen, die mit feinsten Zutaten möglich sind?

So holte ich die Desserts aus den Bechern auf den Teller, was einer kleinen Revolution auf der Speisetafel nahe kam. Ich erprobte neue Kombinationen, verstärkte einzigartige Geschmacksverbindungen und verfeinerte Althergebrachtes, um es dem neuen, leichten Geschmack anzupassen. Jede Hausfrau, die gerne backt, weiß, dass bei Nichteinhalten der Rezeptur so mancher Kuchen die Form verliert. Bei Nachspeisen verhält es sich nicht viel anders. Um die gewünschte Konsistenz zu erzielen, müssen auch hier Mengenangaben eingehalten werden. Dabei ist es jedoch durchaus möglich, fette Zutaten, wie Butter, durch andere, wie z.B. Eiweiß, zu ersetzen. Ich denke dabei an die leichte Wiedergeburt der legendären „Mousse au Chocolat".

Lassen Sie sich verführen von den Früchten dieser Erde, von den Aromen, den Blüten, den Düften und so vielem mehr. Das Experimentieren wird Sie immer wieder zu neuen Geschmackserlebnissen und Augenweiden führen. Achten Sie jedoch immer auf höchste Qualität der Zutaten, die unablässlich für ein gutes Gelingen ist.

Ich möchte Ihnen mit diesen jahrelang erprobten, also ausgeklügelten Rezepten meines persönlichen Dessertbuches ein paar Anregungen liefern. Dabei habe ich die Rezepte so zusammengestellt, dass sie mein „süßes Leben" widerspiegeln. Dieses begann bereits in meiner Kindheit mit den leckeren Mehl- und Süßspeisen meiner Mutter, die auch heute noch zu meinen Favoriten zählen.

Entdecken Sie die Lust am Zusätzlichen und schwelgen Sie schon beim Zubereiten in sinnlichen Genüssen!

Von Herzen viel Freude dabei wünscht Ihnen Ihr

Johann Lafer

Wenn es etwas zu naschen gab, war mein kleiner Johann stets zur Stelle! Besonders Mehlspeisen, Kuchen und Nachspeisen hatten es ihm angetan. Daher wunderte es mich auch nie, daß sein liebster Spielplatz die Küche war. Es machte ihm riesig Spaß zu mischen, zu rühren, zu kneten und vor allem später die Schüsseln auszuschlecken! Besonders unser Holzfeuerofen hatte es ihm angetan. Ständig experimentierte er mit verschiedenen Temperaturen, indem er, wenn ich mal nicht aufpaßte, so richtig einheizte.

Einmal kam der Rauch schon aus dem Küchenfenster. Mein Johann saß in aller Seelenruhe auf dem Küchenboden, schleckte-redlich teilend mit Hund und Katze-den angebrannten Grießbrei aus und strahlte über das ganze Gesicht!

Ich bin glücklich darüber, daß ich ihm die Freude am Kochen und Genießen weitergeben konnte!

Deine

Mami

Das habe ich als Kind gerne genascht

Spagatkrapfen

Für ca. 15 Stück

125 g Mehl • 15 g Puderzucker • ½ TL Zimt • abgeriebene Schale von 1 Zitrone • Mark von 1 Vanillestange • 1 Prise Salz
1½ EL Weißwein • 60 g weiche Butter, in Stücke geschnitten
1 Eigelb • Pflanzenfett zum Ausbacken • 100 g Zucker • 10 g Zimt

Mehl, Puderzucker, Gewürze, Weißwein, Butter und Eigelb auf einer leicht bemehlten Arbeitsfläche zu einem glatten Teig verarbeiten. In Klarsichtfolie wickeln und 2 Stunden ruhen lassen.
Anschließend den Teig auf einer bemehlten Arbeitsfläche etwa 1 mm dünn ausrollen und in 6 cm große Quadrate schneiden.
Zucker und Zimt mischen. Das Fett in einem hohen Topf auf etwa 180 °C erhitzen. Die Krapfen portionsweise mithilfe einer Spagatkrapfenzange in 1 bis 2 Minuten goldbraun ausbacken.
Anschließend die Krapfen sofort in der Zucker-Zimt-Mischung wälzen.

Diese Krapfen sind eine typische Spezialität aus meiner Heimat, der Steiermark. Die zur Zubereitung der Krapfen benötigte Spagatkrapfenzange ist dort überall erhältlich. Ersatzweise können Sie aber auch ein Metallrohr und einen Spagat (Bindfaden) verwenden.

Vanillekipferln mit Weinschaum

Für ca. 30 Stück

Kipferln:
25g fein gemahlene Mandeln · 100 g Butter, in kleine Stücke geschnitten · 140g Puderzucker · 1 Eigelb · Mark von 2 Vanillestangen · abgeriebene Schale von 1 Zitrone · 30g fein gemahlene Haselnüsse · 135g Mehl · 1 Prise Salz
2 Päckchen Vanillezucker

Weinschaum:
80 ml Weißwein · 2 Eigelb · 40g Zucker · abgeriebene Schale von 1/2 Orange und 1/2 Zitrone

Für die Kipferln die Mandeln in einer heißen Pfanne bräunen, beiseite stellen und abkühlen lassen.
Butter, 40g Puderzucker, Eigelb, Mark von 1 Vanillestange, Zitronenschale, Haselnüsse, Mehl und Salz zu einem glatten Teig verkneten. In Klarsichtfolie wickeln und 1 Stunde kühl stellen.

Den Backofen auf 200 °C vorheizen. Aus dem Teig etwa 30 Kipferln formen, auf ein mit Backpapier belegtes Blech legen und im heißen Ofen etwa 10 Minuten backen.

Restlichen Puderzucker sieben und mit Vanillezucker und dem Marke von 1 Vanillestange mischen. Kurz bevor die Kipferln ganz abgekühlt sind, diese vorsichtig in der Zuckermischung wälzen.

Alle Zutaten für den Weinschaum zusammen in eine Schüssel geben und über einem heißen Wasserbad schaumig schlagen.

In meiner Kindheit war es Tradition, dass unsere Mutter meinen Schwestern und mir am Sonntag diesen Weinschaum servierte. Ihre Worte klingen mir heute noch in den Ohren: „Damit ihr groß und stark werdet!“

Biskuitrolle mit Himbeer-Sahne-Creme

Für ca. 8 Stücke

Biskuitteig:
3 Eigelb · 60 g Zucker · abgeriebene Schale von 1 Zitrone
3 Eiweiß · 1 Prise Salz · 20 g Mehl · 20 g Speisestärke
50 g flüssige Butter

Füllung:
200 g Himbeeren · 50 g Puderzucker · abgeriebene Schale und
Saft von 1/2 Limone · 2 Blatt Gelatine · 1 cl Himbeergeist
125 g geschlagene Sahne · 50 g frische Himbeeren

Backofen auf 200°C vorheizen. Eigelbe, 2 Esslöffel Zucker und Zitronenschale schaumig schlagen. 1/3 des Eischnees unter die Eigelbmasse heben. Mehl und Stärke auf die Masse sieben und unterrühren. Restlichen Eischnee und flüssige Butter vorsichtig unterrühren.

Biskuitteig auf ein mit Backpapier belegtes Backblech gießen, glatt streichen und etwa 7 Minuten backen. Anschließend auf ein mit Puderzucker bestreutes Tuch stürzen und zu einer Rolle formen. So auskühlen lassen.

Himbeeren zusammen mit dem Puderzucker pürieren und durch ein feines Sieb streichen. Mit Limonenschale und -saft abschmecken.

Gelatine in kaltem Wasser einweichen, ausdrücken, im warmen Himbeergeist auflösen und unter das Himbeermark rühren. Sahne und Himbeeren vorsichtig unterheben.

Biskuitrolle mit der Himbeersahne füllen und 1 Stunde kühl stellen.

Kompott:
4 große Äpfel (Boskop)
2-3 El Zitronensaft
120g Zucker · 40g Honig
150 ml Weißwein
150 ml Apfelsaft · 1 Vanilleschote · 1 Zimtstange
2 Sternanis · abgeriebene Schale von 1/2 Zitrone

Kaiserschmarrn:
200 ml Milch · 120g Mehl
1 Prise Salz · 1 El saure Sahne
4 Eiweiß · 80g Zucker · 4 Eigelb
2 Eier · 50g Butterschmalz · 15g Rosinen · 50g Butterflocken

Äpfel schälen, vierteln und entkernen. 1 Apfel fein würfeln, die anderen in grobe Stücke schneiden. Die Äpfel mit Zitronensaft beträufeln.

Zucker karamellisieren lassen und den Honig unterrühren. Mit Weißwein und Apfelsaft ablöschen. Apfelstücke, Gewürze und Zitronenschale hineingeben. Die Äpfel bei milder Hitze in 12 bis 15 Minuten langsam zu Mus zerfallen lassen, bis die Flüssigkeit verkocht ist. Vanilleschote, Zimtstange und Sternanis aus dem Mus herausnehmen. Dieses mit dem Schneebesen glatt rühren und die feinen Apfelwürfel unterheben.

Für den Kaiserschmarrn den Backofen auf 220°C vorheizen. Milch, Mehl und Salz mit einem Schneebesen glatt rühren. Anschließend die saure Sahne unterrühren. Eiweiße zusammen mit 30g Zucker zu Schnee schlagen und zusammen mit den Eigelben und den Eiern vorsichtig unter den Teig mischen.
Schmalz in einer Pfanne erhitzen und kurz aufschäumen lassen. Teig hineingießen, mit Rosinen bestreuen und zugedeckt im Ofen etwa 15 Minuten backen. Den Schmarrn grob in Stücke zerteilen, mit 50g Zucker und den Butterflocken bestreuen. Alles gut mischen, sodass der Kaiserschmarrn karamellisiert.

Kaiserschmarrn mit Apfelkompott

Für 4 Personen

Radlkrapfen

Für 20 bis 30 Stück

1 Ei · 2 Eigelb · 30 g Zucker · 250 g Mehl
70 ml lauwarme Milch · 20 g Hefe · 3 EL Rum
2 EL Öl · 1 Prise Salz · abgeriebene Schale von
1 Zitrone · 500 g Butterschmalz zum Frittieren · etwas Puder-
zucker zum Bestäuben

Ei, Eigelbe und Zucker über einem heißen Wasserbad schaumig schlagen. Mehl, Milch, Hefe, Rum, Öl, Salz und Zitronenschale dazugeben und in einer Küchenmaschine zu einem Teig verkneten. Mit Klarsichtfolie abgedeckt an einem warmen Ort zur doppelten Größe aufgehen lassen.

Teig auf einer bemehlten Arbeitsfläche nochmals kneten und ausrollen. In Rauten (5 cm Kantenlänge) schneiden und mit einem Teigrädchen in der Mitte 2-mal einschneiden. Abgedeckt an einem warmen Ort nochmals kurz gehen lassen.

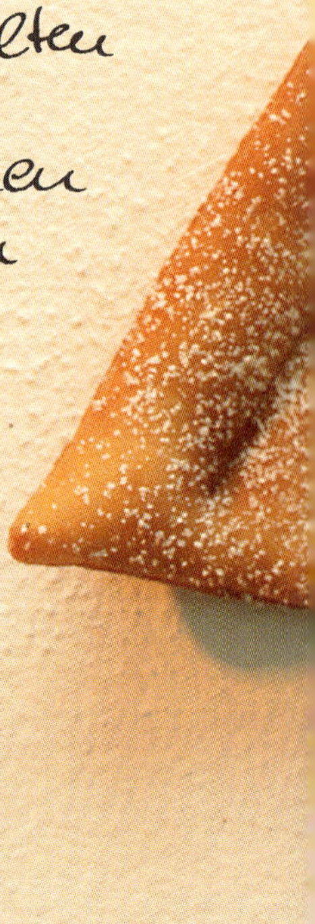

Butterschmalz auf 180 °C erhitzen. Radlkrapfen im heißen Schmalz goldbraun ausbacken, auf Küchenkrepp abtropfen lassen und mit Puderzucker bestäuben.

Ich bin stolz darauf, sagen zu können, daß die große berufliche Karriere Johann Lafers in meinem Haus, dem „Gösser-Bräu" in Graz, begann. Im Alter von 16 Jahren trat er 1973 seine Kochlehre an. Er durchlief während seiner Ausbildung natürlich alle Gebiete der Küche. Doch Johann fiel mir besonders dann auf, wenn er zusammen mit unserer damaligen Mehlspeisenköchin Rosa arbeitete. Man konnte ihm förmlich den Spaß ansehen, den er bei der Zubereitung von Kaiserschmarren, Buchteln und Strudel hatte.
Seine ausgesprochen hohe Begabung sowie sein feines Gespür für den besonderen Geschmack, haben schon damals erkennen lassen, daß in ihm ein wahres Naturtalent steckt.

Ihre

Erika Wagner

Das habe ich ausprobiert

Malakofftorte

Für eine Springform von 26 cm Durchmesser

100 g Mürbeteig (S. 152) · 50 g Aprikosenmarmelade, aufgerührt
1 Biskuitboden, Ø 26 cm (S. 152) · 1/8 l Rum · 30 g Puderzucker
375 ml Milch · 2 Eigelb · 70 g Zucker · Mark von 2 Vanilleschoten · 1 Prise Salz · 4 Blatt Gelatine · 550 g Sahne
200 g Löffelbiskuits · ca. 100 g Mandelblättchen, geröstet

Den Backofen auf 200 °C vorheizen. Den Mürbeteig etwa 3 mm dünn ausrollen, mit einem Tortenring (Ø 26 cm) einen Kreis ausstechen und im heißen Backofen 5 bis 10 Minuten backen. Auskühlen lassen.

Den Boden mit Aprikosenmarmelade bestreichen. Den Biskuitboden darauf legen und um das Ganze einen Tortenring setzen. Rum, 2 Esslöffel Wasser und Puderzucker mischen und den Kuchen damit leicht tränken. Den Rest der Rummischung beiseite stellen.

Milch aufkochen. Eigelbe, Zucker, Vanillemark und Salz miteinander verrühren und zusammen mit der Milch über einem heißen Wasserbad abrühren, bis die Creme bindet. Sofort von der Herdplatte nehmen.

Gelatine in kaltem Wasser einweichen, gut ausdrücken und in die noch warme Creme einrühren. Das Ganze auf Eis so lange rühren, bis die Creme leicht anzieht. Mit Rum abschmecken.

Während meiner Ausbildung zum Koch war diese Torte eine meiner Spezialitäten. Ich freute mich immer ganz besonders diese zuzubereiten.
Gerügt wurde ich dann von Frau Wagner, wenn ich die Löffelbiskuits nicht genug tränkte.

Nun 500g Sahne steif schlagen und unter die Creme heben. 1/3 der Creme auf den Tortenboden geben und glatt streichen. Die Löffelbiskuits mit der restlichen Rummischung tränken und eng nebeneinander auf die Creme legen.
Ein weiteres 1/3 der Creme darauf verteilen und nochmals mit Löffelbiskuits belegen. Die restliche Creme darauf geben und glatt streichen. Die Torte 1 Tag kühl stellen.

Den Tortenring entfernen. 50g Sahne steif schlagen, die Torte damit rundherum bestreichen und mit den Mandelblättchen bestreuen.

Powidltascherln mit Mohneis

Für 4 Personen

Eis:
30g ungemahlener Mohn · 130 ml Milch · 130g Sahne
60g Zucker · 10g Honig · Mark von 1 Vanillestange · 4 Eigelb
Tascherln:
300g Kartoffeln, mehlig kochend · 2 Eigelb · 50g Stärke ·
25g flüssige Butter · Salz · 150g Powidl (Zwetschgenmus)
1cl Rum · abgeriebene Schale von 1 Orange
Brösel:
60g Butter · 25g Zucker · abgeriebene Schale von 1/2 Zitrone
und 1/2 Orange · 1 TL Zimt · ca 100g Semmelbrösel

Mohn, Milch, Sahne, Zucker, Honig und Vanillemark
zusammen aufkochen lassen.
Eigelbe verrühren, die Sahne-
Milch-Mischung einrühren und das Ganze über einem
heißen Wasser- bad rühren, bis die Masse bindet.
Durch ein Sieb in eine kalte Schüssel umfüllen
und nur die Hälfte des Mohns in die Eismasse
zurückgeben. Kalt rühren und in einer Eismaschine
frieren.

Für die Tascherln den Backofen auf 150°C vorheizen. Kartoffeln garen, pellen und im Backofen 2-3 Minuten ausdämpfen lassen. Kartoffeln 2-mal durch eine Presse drücken und 1 Eigelb unterrühren. Kartoffelstärke einarbeiten, Butter und etwas Salz unter den Teig kneten.

Powidl mit Rum und Orangenschale abschmecken. Kartoffelteig auf einer bemehlten Fläche etwa 2mm dünn ausrollen und Kreise (Ø 8cm) ausstechen.

Füllung jeweils auf eine Kreishälfte geben, Teigrand mit verquirltem Eigelb bestreichen. Zusammenklappen und mit einer Gabel andrücken. Die Tascherln in reichlich leicht gesalzenes, kochendes Wasser geben und etwa 10 Minuten bei reduzierter Hitze gar ziehen lassen.

Für die Brösel Butter schmelzen, Zucker darin auflösen, Zitronen- und Orangenschale unterrühren und mit Zimt abschmecken. Brösel unterrühren, bis diese das Fett völlig aufgesaugt haben und wieder trocken sind. Powidltascherln in den Bröseln wälzen.

Powidl, ein Pflaumenmus ist unverzichtbar in der Mehlspeisenküche meiner Heimat. „Als Böhmen noch bei Österreich war" wurden schon die Hoheiten der K.&K.-Monarchie damit verwöhnt.

Marmorguglhupf

Für eine Guglhupfform von 20 cm Durchmesser

200 g Butter · 100 g Puderzucker · abgeriebene Schale von ½ Orange und ½ Zitrone · Mark von 1 Vanillestange
1 Prise Salz · 4 Eigelb · 4 Eiweiß · 100 g Zucker · 230 g Mehl
15 g Kakao · 2 cl Rum

Backofen auf 180° C vorheizen. Butter, Puderzucker, Orange und Zitronenschale, Vanillemark und Salz zusammen schaumig schlagen. Eigelbe nach und nach hinzufügen.

Eiweiße und Zucker zusammen steif schlagen. Eischnee und Mehl abwechselnd unter die Buttermasse heben. 1/3 der Masse mit Kakao einfärben und mi Rum abschmecken.

Abwechselnd hellen und dunklen Teig in eine eingefettete und mit Mehl ausgestäubte Guglhupfform (Ø 20 cm) füllen. Den Kuchen im heißen Ofen etwa 45 Minuten backen.

Aus der Form stürzen, abkühlen lassen und mit Puderzucker bestäuben.

Bereits donnerstags freuten wir uns schon auf den Sonntagskuchen. Dieser Marmorguglhupf war mit Abstand mein Lieblingskuchen.

Buchteln mit Vanilleschaum

Für 4 Personen

Buchteln:
60 ml lauwarme Milch · 250 g Mehl · 45 g Zucker · 20 g Hefe
2 Eigelb · 2 Eier · 1 Prise Salz · abgeriebene Schale von 1 Orange
60 g zimmerwarme Butter · 150 g Aprikosenmarmelade · 1 cl Rum
30 g flüssige Butter

Vanilleschaum:
125 g Sahne · 80 ml Milch · Mark von 1 Vanilleschote · 30 g Zucker
3 Eigelb · Puderzucker zum Bestäuben

Milch, 30 g Mehl, 20 g Zucker und Hefe verrühren. Vorteig abgedeckt an einem warmen Ort zur doppelten Größe aufgehen lassen.

220 g Mehl, Eigelbe, Eier, 25 g Zucker, Salz, Orangenschale, zimmerwarme Butter und den Vorteig zu einem glatten Teig verkneten. Zur doppelten Größe aufgehen lassen.

Teig etwa 1/2 cm dünn ausrollen und Kreise (Ø 6 cm) ausstechen. Jeweils 1 Teelöffel Aprikosenmarmelade auf die Kreise geben, ovale Knödel formen und mit der Öffnung nach unten in eine ausgefettete Form (25 × 15 cm) setzen.

Backofen auf 180 °C vorheizen.

Buchteln nochmals aufgehen lassen, mit flüssiger Butter bestreichen und 30–35 Minuten im Ofen backen.

Für den Schaum Sahne, Milch, Vanillemark und Zucker aufkochen. Die Mischung in die Eigelbe einrühren und das Ganze über einem heißen Wasserbad schaumig schlagen, bis die Masse cremig ist.

Buchteln mit Puderzucker bestäuben und mit dem Vanilleschaum servieren.

Topfenknödel
mit Zwetschgenröster

Für 6 Personen

Knödel:
160g Butter • 2 Eigelb • 2 Eier • Mark von 1 Vanillestange • 60g Zucker • Saft von 1 Orange • Saft von 1 Zitrone • abgeriebene Schale von 1 Zitrone • 400g ausgedrückter Quark • 180g Weißbrotwürfel ohne Rinde • 60g Semmelbrösel • 1/2 El Vanillezucker • etwas abgeriebene Orangenschale

Röster:
300g Zwetschgen • 100g Zucker • 2 Zimtstangen • 1/2 Tl gemahlene Nelken • evtl. ca. 10g Speisestärke • 2cl Zwetschgenschnaps

60g Butter schaumig schlagen, Eigelbe und Eier unterrühren. Vanillemark, Zucker, Zitronen- und Orangensaft sowie die Zitronenschale ebenfalls unterrühren.
Quark und Weißbrotwürfel dazugeben, alles miteinander verrühren und 2 Stunden kühl stellen.
Zwetschgen entkernen und in Spalten schneiden. Zucker leicht hellbraun karamellisieren, Zwetschgenspalten, Zimtstangen und Nelkenpulver dazugeben und das Ganze langsam einkochen. Zwetschgenschnaps unterrühren. Eventuell mit Stärkemehl binden.
Aus der Quarkmasse Knödel formen und in leicht kochendem Salzwasser 10 bis 12 Minuten gar ziehen lassen.
Semmelbrösel, Vanillezucker und Orangenschale in 100g heißer Butter anrösten. Die fertigen Knödel darin wälzen und mit dem Zwetschgenröster servieren.

Ich glaube, hier muss ich Ihnen etwas Nachhilfe in meiner Muttersprache geben. Topfen ist Quark und Röster heißt übersetzt Kompott. Sie müssen jedoch kein Österreicher sein, um diese Knödel genießen zu können.

Birnen-Aprikosen-Strudel

Für ca. 8 Stücke

300g Strudelteig (S. 153)
600g Birnen • 80g Zucker
Saft von 1 Zitrone • 20g gehobelte Mandeln • 1 EL Crème fraîche
2 cl Williams Geist • 30g Rosinen • 100g Semmelbrösel • 80g getrocknete Aprikosen, in Rum eingeweicht • 30g flüssige Butter • Puderzucker zum Bestäuben

Strudelteig zubereiten und etwa 1 Stunde ruhen lassen. Birnen schälen, vom Kerngehäuse befreien und würfeln. Mit Zucker, Zitronensaft, gehobelten Mandeln, Crème fraîche, Williams Geist, Rosinen und 50g Semmelbrösel vermischen und 30 Minuten durchziehen lassen.
Den Backofen auf 200° C vorheizen. Aprikosen würfeln und unter die Birnenmasse geben. Die restlichen Semmelbrösel in der heißen Butter rösten und auskühlen lassen.
Strudelteig ausrollen und handdünn ausziehen. Brösel auf dem Teig verteilen. Obstfüllung als Streifen auf das erste 1/3 des Teiges verteilen. Teig aufrollen und die Enden zusammendrücken. Auf ein gefettetes Blech setzen, mit Butter bepinseln und 20 bis 25 Minuten im Backofen backen. Auskühlen lassen und mit Puderzucker bestäuben.

In Anlehnung an Wilhelm Busch könnte man hier sagen: „Wer diesen Strudel jemals aß, Apfelstrudel schnell vergaß."

Johann Lafer kam als junger talentierter Koch vom Hamburger Le Canard nach Wertheim in meine damalige Schweizer-Stuben-Brigade.
Nach kurzer Zeit und einigem Aufwand, (Ungestalltung der Patisserie, Kauf eines neuen Schwaden-Backofens und einer neuen Eismaschine usw.) war Hannes ganz in seinem Element. Dessertkreationen, Pralinen, Kleingebäck und Brötchen vom Feinsten. Doch dazwischen ging auch mal eine Pizza für den Schober, das war nicht so ganz seine Welt. Doch schon damals hat er gelernt, daß es auch in der Gourmetszene mehrere Spielklassen gibt. Vielleicht wäre aus ihm auch ein recht guter Fußballer geworden, denn außer Kochen gab es damals nur Fußball für ihn. Zum Glück kam es anders.
Nach Wertheim, harte Lehr-Wanderjahre zu Lenotre und Eckart Witzigmann, dann die große Liebe und die Selbständigkeit. Dazu lieber Johann meine höchste Anerkennung und die Wünsche, daß Du immer auf höchster Gourmetebene spielst!

Herzlichst, Jörg Müller

Damit hatte ich meine ersten Erfolge

Auflauf von Berlinern mit Zwetschgen

Für 1 Auflaufform (20×25 cm)

4 Berliner · 12 Zwetschgen · 140 g Zucker · 60 g Honig
100 ml Rotwein · 1 TL gemahlener Zimt · 2 cl Zwetschgenschnaps
30 g Butter zum Ausfetten · 250 g Sahne · 250 ml Milch · 4 Eier
Mark von 1 Vanillestange · abgeriebene Schale von 1/2 Orange
30 g brauner Zucker · 30 g geröstete Mandelblättchen

Berliner in Scheiben schneiden. Zwetschgen waschen, halbieren und entsteinen.
50 g Zucker und Honig karamellisieren. Mit Rotwein ablöschen, Zimt zugeben und sirupartig einkochen lassen. Zwetschgen darin kurz glasieren. Zwetschgenschnaps dazugeben.

Backofen auf 180 °C vorheizen. Auflaufform ausbuttern und mit 30 g Zucker ausstreuen. Berlinerscheiben und Zwetschgenhälften abwechselnd einschichten.

Sahne, Milch, 60 g Zucker, Eier, Vanillemark und Orangenschale verrühren. In die Form eingießen. Braunen Zucker und Mandelblättchen darauf streuen und in einem Wasserbad etwa 30 Minuten im Ofen goldbraun backen.

Erdbeerrosette mit Rhabarberschaum

Für 4 Personen

375g Rhabarber · Saft von 3 Zitronen · 240g Zucker
200ml Weißwein · 6 Eigelb · Mark von 1 Vanilleschote
1 Prise Zimt · 1 Prise gemahlene Nelken · 100g geschlagene
Sahne · 500g Erdbeeren · etwas frische Minze · etwas
Puderzucker

Rhabarber waschen, schälen und in 1cm große Stücke schneiden. Zitronensaft, 180g Zucker und Weißwein aufkochen, Rhabarber zugeben und bei geschlossenem Deckel weich dünsten. Durch ein Sieb schütten, dabei Flüssigkeit auffangen. Rhabarberstücke abkühlen lassen.

125ml der aufgefangenen Flüssigkeit, Eigelbe, 60g Zucker, Vanillemark, Zimt und Nelken über einem heißen Wasserbad schaumig schlagen. Anschließend kalt schlagen. Rhabarber unter die kalte Masse geben und Sahne unterheben.

Erdbeeren waschen, putzen und in 2 bis 3 dünne Scheiben schneiden. Auf eisgekühlten Tellern den Rhabarberschaum verteilen. Erdbeeren darauf kreisförmig anordnen. Mit Puderzucker bestäuben.

Dieses Dessert ist einer meiner großen Klassiker!

Gewürztraminercreme mit eingelegter Cassisbirne

Für 8 Personen

Boden: 1 dünner Biskuitboden (Höhe: 1/2 cm)

Creme:
3 Eigelb · 50 g Puderzucker · 3 Blatt Gelatine · 170 ml Gewürztraminer Auslese · 1 El Zitronensaft · 1 steif geschlagenes Eiweiß · 80 g geschlagene Sahne

Gelee:
100 ml Gewürztraminer Auslese · Saft von 1 Zitrone · 30 g Zucker · 1 1/2 Blatt Gelatine

Eingelegte Birnen:
600 ml schwarzer Johannisbeersaft · 150 g Zucker · 1 El schwarzes Johannisbeergelee · 2 Nelken · 1/2 Zimtstange · Saft von 1/2 Orange · 10 g Speisestärke · 6 kleine Birnen

Aus dem Biskuitboden 8 Kreise (⌀ 7 cm) ausstechen und jeweils den Boden eines Metallringes (⌀ 7 cm, Höhe 4 cm) damit auslegen.

Für die Creme Eigelbe und Puderzucker schaumig schlagen. In kaltem Wasser eingeweichte und ausgedrückte Gelatine im leicht erwärmten Wein auflösen und in die Ei-Zucker-Mischung einrühren. Zitronensaft unterrühren und alles solange kühlen, bis die Masse anfängt zu gelieren.

Eischnee und Sahne unterheben, die Creme auf den Biskuitböden verteilen und etwa 2 Stunden kühl stellen.

Für das Gelee Gewürztraminer, Zitronensaft und Zucker aufkochen und die in kaltem Wasser eingeweichte und ausgedrückte Gelatine in die Flüssigkeit einrühren. Abkühlen lassen

Abgekühltes Gelee etwa 3mm dünn auf der festen Creme verteilen. Kühl stellen.

Für die Birnen Johannisbeersaft, Zucker, Gelee, Gewürze und Orangensaft aufkochen und auf die Hälfte einkochen. Mit der mit kaltem Wasser angerührten Speisestärke binden und nochmals gut durchkochen lassen.

Birnen waschen und mit einem Kugelausstecher von unten her entkernen. In den Gewürzfond geben, aufkochen und im Fond weich garen. Abkühlen lassen.

Die Creme aus den Ringen lösen und mit den Birnen servieren.

Ich bin ein großer Fan des Gewürtraminers. Was liegt da näher als diesen in einer solchen Form zu präsentieren, dass man ihn auch genussvoll löffeln kann.

Eingelegte Kirschen mit Zimteis und Portweinsabayon

Für 4 Personen

Kirschen:
400 g frische Kirschen • 70 g Zucker • 250 ml Portwein • 3 Zimtstangen
Mark von ½ Vanilleschote • Orangenstücke von 1 Orange • 200 ml Kirschsaft • 10 g Speisestärke • 2 cl Kirschwasser

Zimteis:
250 g Sahne • 250 ml Milch • 100 g Zucker • 6 Zimtstangen • 4 Eigelb
2 Eier

Portweinsabayon:
250 ml Portwein • 40 g Zucker • 3 Eigelb • abgeriebene Schale von ½ Orange

Kirschen waschen und entsteinen. Zucker karamellisieren, mit Portwein ablöschen und zur Hälfte einkochen lassen. Zimtstangen, Vanillemark, Orangenstücke und Kirschsaft zugeben. Mit der in etwas kaltem Wasser angerührten Stärke binden, gut aufkochen und kurz abkühlen. Durch ein Sieb auf die Kirschen gießen und das Ganze mit Kirschwasser abschmecken.

Für das Eis Sahne, Milch, Zucker und Zimtstangen aufkochen. Vom Herd nehmen und etwa 2 Stunden ziehen lassen, bis die Flüssigkeit richtig kalt ist. Durch ein feines Sieb passieren. Zimtflüssigkeit aufkochen. Eigelb und Eier verrühren, die Zimtflüssigkeit dazugeben und über einem heißen Wasserbad rühren, bis die Masse bindet.
Abkühlen und in einer Eismaschine frieren.

Für die Sabayon Portwein zur Hälfte reduzieren lassen und abkühlen. Mit Zucker, Eigelben und Orangenschale über einem heißen Wasserbad schaumig schlagen.

Kirschen, Zimteis und Portweinsabayon auf Tellern anrichten.

Hefe-Nuss-Rolle

Für 1 Kastenform (Länge: 30 cm)

Hefeteig:
150 ml Milch · 30 g Zucker · 300 g Mehl · 10 g Hefe · 1 Eigelb · abgeriebene Schale von 1/2 Zitrone · 1 Prise Salz · 1 cl Rum · 40 g zimmerwarme Butter

Füllung:
200 g Marzipanrohmasse · 50 g frisches Weißbrot, ohne Rinde
40 g Kastanienhonig · 150 g gemahlene Walnüsse · abgeriebene Schale von 1 Orange · 3 cl Rum · 70 g Butter · 2 Eigelb · 50 g Sahne

Aus Milch, Zucker, 50 g Mehl und Hefe einen Vorteig zubereiten und mit einer Klarsichtfolie zugedeckt etwa 15 Minuten an einem warmen Ort gehen lassen.
Restliches gesiebtes Mehl, Eigelb, Zitronenschale, Salz und Rum zum Vorteig geben und das Ganze zu einem glatten Teig verkneten. Butter unterkneten. Zugedeckt an einem warmen Ort auf doppelte Größe aufgehen lassen.

Auf einer bemehlten Arbeitsfläche quadratisch (30×30cm) aus-
rollen und mit der in Scheiben geschnittenen Marzipanmasse
belegen.
Weißbrot fein reiben. Honig, Walnüsse, Orangenschale, Rum und
Weißbrotbrösel in einer Pfanne in Butter leicht bräunen. Abkühlen
lassen und auf dem Marzipan verteilen. Teig aufrollen und die
Nähte gut andrücken.

Rolle quer halbieren und nebeneinander in eine gut ausgefettete
Kastenform einsetzen. Abgedeckt nochmals etwa 30 Minuten gehen
lassen. Backofen auf 180° C vorheizen.

Eigelbe und Sahne verquirlen und die Nussrolle damit bestreichen.
Etwa 35 Minuten backen.

Kokos-Mango-Törtchen mit Gebackenen Erdbeeren

Für 6 Törtchen

Mangotörtchen:
40g Butter · 20g Puderzucker · Saft und abgeriebene Schale von 1 Limette
2 Blatt Gelatine · 100g Kokosmark · 100g Mangomark (aus frischen Früchten) · 250g geschlagene Sahne · 1cl Batida de Coco · 50g Halbbitterkuvertüre; Schokoladenbiskuit, 1/2 cm dünn (S. 152) · 1 Mango
4 cl Grand Marnier · 10g Puderzucker

Gebackene Erdbeeren:
125g Mehl · 100ml Milch · 50ml Batida de Coco · 1 Prise Salz
1 Eigelb · 1 Eiweiß · 10g Zucker · 1 EL Öl · 12 große Erdbeeren
500g Kokosfett zum Ausbacken

Butter, Puderzucker, Limettensaft und -schale über einem heißen Wasserbad rühren, bis der Zucker gelöst ist. In kaltem Wasser eingeweichte und ausgedrückte Gelatine einrühren. Kokos- und Mangomark hinzufügen, etwas gelieren lassen und Sahne unterheben. Mit Batida de Coco abschmecken.

Ringe (⌀ 7 cm, Höhe 4 cm) auf ein mit Backpapier belegtes Blech setzen. Kuvertüre verflüssigen. Jeweils einen großen Tropfen in die Ringe geben und einen in entsprechender Größe ausgestochenen Biskuitboden darauf setzen. Fruchtcreme bis 1 cm unter dem Rand in die Ringe füllen. Etwa 1 Stunde kühl stellen. Mango in hauchdünne Scheiben schneiden. Grand Marnier und Puderzucker mischen und Mangoscheiben darin marinieren. Ringe von den Törtchen lösen und die Mangoscheiben rosettenförmig darauf setzen.

Für die Erdbeeren Mehl, Milch, Batida de Coco und Salz verrühren. Eigelb einrühren. Eiweiß und Zucker steif schlagen und unter die Masse heben. Öl vorsichtig einrühren.
Kokosfett auf 180°C erhitzen. Erdbeeren waschen, trockentupfen, durch den Teig ziehen und im heißen Fett goldgelb ausbacken.
Auf Küchenkrepp abtropfen lassen.

Karamelleisparfait mit Schlosserbuben

Für 1 Parfaitform mit 1 l Inhalt

Parfait:
300g Zucker · 150ml warme Sahne · 4 Eigelb · 2cl Calvados · 2 Eiweiß · 350g geschlagene Sahne

Schlosserbuben:
20g getrocknete Pflaumen · 50g Marzipanrohmasse · 30g Puderzucker · 1cl Kirschwasser · 10g Speisestärke · 25g Zucker · 50g geraspelte Bitterkuvertüre

Weinteig:
2 Eigelb · 60ml Weißwein · 1 El Pflanzenöl · 70g Mehl · 2 Eiweiß · 1 Tl Zucker · 1 Prise Salz · 500ml Öl zum frittieren

200g Zucker leicht karamellisieren und Sahne aufgießen. Langsam kochen lassen, bis der Karamell aufgelöst ist. Etwas abkühlen lassen.

Eigelbe verrühren, Karamellsahne langsam einrühren und über einem heißen Wasserbad rühren, bis die Masse bindet. Anschließend kalt schlagen und mit Calvados abschmecken.

100g Zucker und 2 Esslöffel Wasser leicht zu Sirup einkochen lassen. Eiweiße leicht schlagen, den Sirup langsam am Rand der Schüssel in die Eiweiße einlaufen lassen. Masse kalt schlagen und unter die Karamellcreme heben.
Sahne unterheben und alles in eine mit Klarsichtfolie ausgelegte Parfaitform einfüllen. Etwa 7 Stunden im Gefrierschrank frieren.

Für die Schlosserbuben Marzipanrohmasse, Puderzucker und Kirschwasser verkneten und die Pflaumen damit füllen. In Speisestärke wenden und einzeln auf Schaschlikspieße stecken.
Für den Weinteig Eigelbe, Weißwein, Öl und Mehl verrühren. Eiweiße, Zucker und Salz steif schlagen und unterheben.

Öl auf etwa 180°C erhitzen, Pflaumen durch den Weinteig ziehen und im heißen Fett goldbraun ausbacken. Auf Küchenkrepp abtropfen lassen.
Zucker und Bitterkürvertüre mischen und die Schlosserbuben darin wenden. Parfait aus der Form stürzen, in Scheiben schneiden und mit den warmen Schlosserbuben servieren.

Mohnstreuselkuchen

Für 1 Backblech (30×40 cm)

Hefeteig:
75 ml lauwarme Milch · 30 g Zucker · 330 g Mehl · 15 g Hefe
1 Msp. Salz · 50 g zimmerwarme Butter · 1 Ei · 2 Eigelb
Mohnfüllung:
500 ml Milch · 150 g Zucker · Mark von 1 Vanilleschote · 40 g Vanillecremepulver · 2 Eigelb · 500 g Mohnfix · 100 g Quark · abgeriebene Schale von 1 Orange
Streusel:
150 g Mehl · 75 g Zucker · 75 g kalte Butter · 1 TL Zimt · 1 Eigelb

Außerdem: Butter für die Form

Milch, 15 g Zucker, 30 g Mehl und Hefe zu einem Vorteig verarbeiten und zugedeckt an einem warmen Ort zur doppelten Größe aufgehen lassen.
300 g Mehl, 15 g Zucker, Salz, Butter, Ei, Eigelbe und den Vorteig zu einem glatten Teig verkneten. Zugedeckt an einem warmen Ort zur dreifachen Größe aufgehen lassen.
Nochmals durchkneten, auf einer bemehlten Arbeitsfläche etwa 5 mm dick ausrollen und in eine gut ausgebutterte Form geben.
Nochmals kurz gehen lassen. Backofen auf 180 °C vorheizen.
Für die Füllung 400 ml Milch, Zucker und Vanillemark aufkochen. 100 ml Milch, Cremepulver und Eigelbe verrühren und und in die Milch einrühren. Masse unter ständigem Rühren durchkochen. Etwas abkühlen lassen.
Mit Mohnfix, Quark und Orangenschale verrühren und auf dem Hefeteig gleichmäßig verteilen.
Mehl, Zucker, Butter, Zimt und Eigelb zu Streuseln verarbeiten. Auf dem Kuchen verteilen.
25 bis 30 Minuten backen. Eventuell mit geschlagener Sahne servieren.

Lafers Sachertorte

Für 1 Springform (Ø 26 cm)

Teig:
200 g Halbbitterkuvertüre · 200 g zimmerwarme Butter · 50 g Puderzucker · 10 g Vanillezucker · 1 Prise Salz · 8 Eigelb · 8 Eiweiß
260 g Zucker · 200 g Mehl · etwas Butter für die Form

Füllung:
4 cl Rum · 30 g Puderzucker · 250 g Aprikosenkonfitüre

Glasur:
300 g Fondant · 20 g weiche Butter · 100 g Halbbitterkuvertüre

Backofen auf 200°C vorheizen. Kuvertüre schmelzen und auf etwa 35°C abkühlen lassen. Butter, Puderzucker, Vanillezucker und Salz schaumig schlagen. Eigelbe nach und nach einrühren. Kuvertüre unterrühren.

Eiweiße und Zucker steif schlagen und abwechselnd mit dem gesiebten Mehl unter die Masse heben. In eine ausgebutterte Springform einfüllen und etwa 20 Minuten backen, danach 40 Minuten bei 170°C backen. Auf ein mit Zucker bestreutes Papier stürzen und abkühlen lassen.

Boden einmal waagrecht durchschneiden. Rum, 20 ml Wasser und Puderzucker mischen und beide Böden damit tränken. Unteren Boden mit 150 g Aprikosenkonfitüre bestreichen, oberen Boden daraufsetzen. Restliche Konfitüre kurz durchkochen und die Torte damit dünn bestreichen.

Für die Glasur Fondant mit 2 Esslöffel Wasser über einem warmen Wasserbad auflösen und die Butter einrühren. Verflüssigte Kuvertüre mit dem Fondant glatt rühren. Torte mit der Glasur gleichmäßig überziehen.

Sachertorte mit Schlagsahne servieren.

Das Rezept der Original-Sachertorte ist ein wohl behütetes Geheimnis. Meine Kreation hingegen ist ein offenes Bekenntnis zu dem großen Klassiker der Torten.

Ullas Linzertorte

Für eine Springform (Ø 18 cm)

200 g zimmerwarme Butter · 100 g Puderzucker · 1 Msp. Zimt
1 Msp. gemahlene Nelken · 1 Ei · 100 g geröstete, gemahlene Haselnüsse · 200 g Mehl · 2 EL Biskuitbrösel · 150 g Kirschmarmelade
70 g grob gehackte Haselnüsse

Backofen auf 180 °C vorheizen. Butter, Puderzucker und Gewürze schaumig schlagen. Zuerst das Ei, danach Haselnüsse und Mehl unterrühren. 2/3 des Teiges in eine ausgefettete Springform (Ø 18 cm) geben, glatt streichen, mit den Biskuitbröseln bestreuen und die Kirschmarmelade daraufstreichen.

Restlichen Teig in einen Spritzbeutel mit kleiner Lochtülle geben und als Gitter auf den Kuchen spritzen. Mit Haselnüssen bestreuen und etwa 45 Minuten backen.

Ulla, über viele Jahre hinweg ein Stammgast in meinem Restaurant, versüßte mir manch stressige Stunden mit ihrer Linzertorte, die sie mir bei ihren Besuchen immer mitbrachte. Ich denke gerne an sie zurück.

Bienenstich mit Vanillecreme gefüllt

Für 1 Springform mit 28 cm Durchmesser

Teig:
4 Eier • 200 g Zucker • 1/2 El Vanillezucker • 1 Prise Salz • Saft von 1/2 Zitrone • abgeriebene Schale von 1 Orange
250 g Mehl • 200 g nicht zu fest geschlagene Sahne

Belag:
100 g Sahne • 50 g Zucker • 50 g Butter • 20 g Honig • 150 g Mandelblättchen

Vanillecreme:
150 g Sahne • 60 g Zucker • Mark von 2 Vanillestangen • 4 Eigelb
3 Blatt Gelatine • 225 g geschlagene Sahne

Backofen auf 180 °C vorheizen. Eier, Zucker, Vanillezucker, Salz, Zitronensaft und Orangenschale über einem heißen Wasserbad warm schlagen. Anschließend kalt schlagen. Mehl einrühren und die Sahne unterheben.
Teig in eine ausgefettete Springform (⌀ 28 cm) füllen und 10 bis 15 Minuten backen. Backofentemperatur auf 200 °C erhöhen.
Inzwischen für den Belag Sahne, Zucker, Butter und Honig zu Sirup einkochen. Vom Herd nehmen und Mandelblättchen untermischen.
Masse auf dem fertig gebackenen Boden gleichmäßig verstreichen. Etwa 10 Minuten backen, bis der Belag goldbraun ist. Auskühlen lassen.
Für die Creme Sahne, Zucker und Vanillemark aufkochen. Langsam in die verquirlten Eigelbe einrühren und alles über einem heißen Wasserbad rühren, bis die Masse bindet.
Vom Herd nehmen und die in kaltem Wasser eingeweichte und ausgedrückte Gelatine einrühren. Auf Eis die Creme kalt rühren und die geschlagene Sahne unterheben.
Boden waagrecht durchschneiden, die Creme auf dem unteren Boden verteilen und etwa 1 Stunde kühl stellen. Oberen Boden in 12 Kuchenstücke schneiden und auf die Creme setzen.
Etwa 2 Stunden kühl stellen.

Johann Lafer war mir von Anfang an sympathisch. Neben seinem beruflichen Geschick seiner Kreativität, die ihm dank der „Schweizer Stuben" schon damals vorauseilten, qualifizierte er sich letztenendes durch seine österreichische Staatsbürgerschaft und Liebe zum Sport, insbesondere zum Fußball. Am Ende dieses Vorstellungsgespräches war mir klar: Der Johann Lafer ist mein Mann.

Fortan hielt er als Tormann des „FC Aubergine" den Kasten sauber und erspielte sich so seine Wunschposition als Chef-Pâtissier. Es war mir eine Freude, Johann Lafer bei der Arbeit zuzusehen. Er war immer konzentriert, ohne dabei verkrampft zu sein. Stets hatte er größten Respekt vor der Ware. Sicherlich haben Johann Lafer's Dessert-Kreationen kräftig zum weltweiten Ruhm des „Aubergine" beigetragen.

Dementsprechend traurig war ich natürlich, als diese Ära in München zu Ende ging, denn Johann Lafer war mir damals ans Herz gewachsen und ist mir heute noch ein hochgeschätzter Freund.

Ich bin stolz darauf, was Johann Lafer zusammen mit seiner charmanten Frau Sylvia aufgebaut hat.

Daran muß ich jedes Mal denken, wenn ich auf mein grünes Puch-Rennrad steige, das mir der Johann von seiner Tante verbilligt organisiert hat.

In genußvoller Verbundenheit
Dein
Eckart Witzigmann

Damit bin ich bekannt geworden

Lafers Mohrekopp

Für 8 Personen

Mohrenköpfe:
1 Ei · abgeriebene Schale von 1 Orange · 50 g weißen Nougat
50 g weiße Kuvertüre · 1 Blatt Gelatine · 1 cl Rum · 40 g Krokantbrösel · 225 g geschlagene Sahne · etwas Grand Marnier
1 Biskuitboden, Ø 26 cm (S. 152)

Überzug:
220 g Sahne · 40 g Butter · 200 g Bitterkuvertüre · 110 g Zucker
20 g Kakao · 50 g Crème double

Ei, Orangenschale und 2 Esslöffel Wasser über einem warmen Wasserbad schaumig schlagen. Wenn die Masse dicklich wird, herunternehmen und noch etwas weiterschlagen.

Nougat und Kuvertüre über einem warmen Wasserbad schmelzen und unter die Eimasse rühren. Gelatine in kaltem Wasser einweichen, ausdrücken, in warmem Rum auflösen und unter die Masse rühren.

Krokant und Sahne unter die abgekühlte Masse heben. Mit Grand Marnier abschmecken. Die Creme in Kuppelförmchen (Ø ca. 5 cm) füllen und mit in entsprechender Größe ausgestochenen Biskuitkreisen abdecken. 2 Stunden kühl stellen.

Für die Canache Sahne aufkochen, Butter und klein geschnittene Kuvertüre darin auflösen. Für die Sauce 90 ml Wasser, Zucker und Kakao aufkochen und durch ein feines Sieb geben. Crème double dazugeben, nochmals aufkochen und leicht abkühlen lassen. Die Canache mit 200 g Kakaosauce mischen und die Mohrenköpfe damit überziehen.

Ein Mohrenkopf der Sonderklasse.

Warme Schokoladentarte mit eingelegten Schattenmorellen und Kokoseis

Für 6 Tartes

Tartes:

50g zimmerwarme Butter · 40g Puderzucker · 2 Eigelb · 100g Halbbitterkuvertüre · 2 Eiweiß · 50g Zucker 50g Mehl · Butter für die Förmchen

Schattenmorellen:

400g Schattenmorellen · 60g Zucker · 200ml Portwein · 3 Sternanis · 5 Nelken · 3 Zimtstangen · Mark von 1 Vanilleschote · abgeriebene Schale von ½ Orange · 200ml Sauerkirschsaft · 1/2–1 El Speisestärke

Kokoseis:

250g Sahne · 250g Kokosmark · 100g Zucker · 4 Eiweiß · 1 Blatt Gelatine

Für die Tartes Butter und Puderzucker schaumig schlagen, Eigelbe nach und nach hinzugeben. Kuvertüre verflüssigen und lauwarm in die Eimasse einrühren.

Eiweiße und Zucker steif schlagen und abwechselnd mit dem Mehl unter die Masse heben. In einen Spritzbeutel ohne Tülle einfüllen und mindestens 2 Stunden kühl stellen.

Schattenmorellen waschen und entsteinen. Zucker karamellisieren, mit Portwein ablöschen und etwa 15 Minuten leicht köcheln lassen.

Gewürze, Orangenschale und Sauerkirschsaft dazugeben. Sauce mit der mit kaltem Wasser angerührten Speisestärke binden und etwa 1/2 Minute durchkochen lassen. Vom Herd nehmen, kurz abkühlen lassen und durch ein Sieb auf die Schattenmorellen gießen.

Für das Eis Sahne, Kokosmark und Zucker aufkochen. Eiweiße nicht ganz steif schlagen und in die heiße Sahne-Kokos-Mischung einrühren. Mit einem Mixstab gut durchmixen. In kaltem Wasser eingeweichte und ausgedrückte Gelatine einrühren.

Masse abkühlen lassen und in der Eismaschine frieren.

Backofen auf 190° C vorheizen. Tartemasse in ausgebutterte Tartelletteförmchen (Ø 8 cm) einspritzen und 10 bis 15 Minuten backen.

Tartes mit Schattenmorellen und Kokoseis anrichten.

Crêpes Normande

Crêpeteig:
125g Mehl
250ml Milch
2 Eier
25g flüssige Butter
1/2 El Zucker
1 Prise Salz
etwas Butterschmalz

Füllung:
80g Zucker · 100g Butter
125ml Weißwein · 2 El Ahorn-
sirup · 4 Äpfel · Saft von
1 Zitrone · 4cl Calvados
50g geschlagene Sahne

Mehl, Milch, Eier, Butter, Zucker und Salz verrühren. Eine heiße Crêpepfanne mit etwas Butterschmalz auspinseln, etwas Teig hineingießen, gleichmäßig verteilen und hauchdünn ausbacken. So nach und nach die Crêpes ausbacken.
Für die Füllung Zucker langsam hellbraun schmelzen, Butter dazugeben, mit Weißwein ablöschen und Ahornsirup dazugeben.
Äpfel schälen, vierteln, entkernen, in Spalten schneiden und mit Zitronensaft beträufeln. In die Zuckermasse geben und darin weich dünsten. Vom Herd nehmen und Calvados zugeben. Geschlagene Sahne unterheben.

Crêpes und heiße Äpfel auf Tellern anrichten.

Erdbeeren in Krokantblätterteig

Für 4 Personen

300 g Blätterteig (selbst zubereitet oder gekauft) · ca. 80 g Puderzucker
100 g Sahne · 40 g Zucker · 4 Eigelb · 2 Blatt Gelatine · 1 TL Zitronensaft · 2 cl Orangenlikör · 100 g geschlagene Sahne · 350 g gleich große Erdbeeren (gewaschen und geputzt)

Backofen auf 240°C vorheizen. Blätterteig viereckig etwa 3 mm dünn ausrollen, auf ein mit Wasser befeuchtetes Backblech geben, mit einem Backgitter beschweren und im Ofen 10 bis 15 Minuten backen. Abkühlen lassen und in 8 Rechtecke (5 × 10 cm) schneiden.
Blätterteig dick mit Puderzucker bestreuen und unter dem Backofengrill goldgelb karamellisieren. Abkühlen lassen und auf der Rückseite wiederholen.
Sahne und Zucker aufkochen, etwas abkühlen, Eigelbe dazugeben, die Creme zur Rose abziehen und durch ein feines Sieb passieren. Die in kaltem Wasser eingeweichte und ausgedrückte Gelatine unter die warme Creme rühren. Abkühlen lassen.

Orangenlikör und Zitronensaft in die kalte Creme rühren und die Sahne unterheben.
Eine Blätterteigplatte auf einen Teller legen, etwas Creme darauf verteilen und Erdbeeren vorsichtig in die Creme drücken. Nochmals Creme darauf geben und eine zweite Blätterteigplatte darauf setzen. Den Teller mit Himbeersauce (S. 153) ausgarnieren.

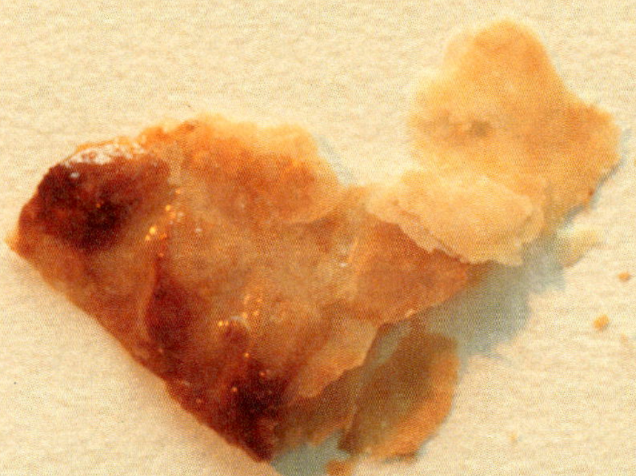

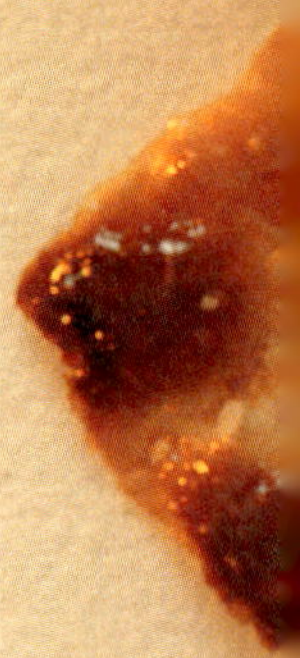

Als Kind holte ich mir oft Vanilleschnitten vom Bäcker. Mit der Zeit entwickelte sich bei mir jedoch der Ehrgeiz daraus etwas ganz Besonderes zu machen. Das Ergebnis sehen Sie hier.

Vanille-Birnen-Kuchen

Für eine Springform von 26cm Durchmesser

450g Mürbeteig (S. 152)
1 Biskuitboden, ⌀ 26cm (S. 152) · 375 ml Milch · 375g Sahne
1 Prise Salz · Mark von 3 Vanilleschoten · 120g Butter · 150g Zucker
50g Vanillecremepulver · 4 Eier · 3 Birnen (ca. 600g) · 70g Aprikosenmarmelade · geröstete Mandelblättchen zum Bestreuen

Den Mürbeteig auf einer bemehlten Arbeitsfläche etwa 3 mm dünn ausrollen. In eine eingefettete Springform (⌀ 26cm) geben und am Rand der Form andrücken. Den ausgekühlten Biskuitboden auf den Mürbteig legen. Den Backofen auf 180°C vorheizen.
Für die Füllung Milch, Sahne, Salz und Vanillemark verrühren. Die Hälfte davon beiseite stellen. Die andere Hälfte zusammen mit Butter und Zucker zum Kochen bringen.
Vanillecremepulver und Eier in die kalte Milch-Sahne-Mischung geben und glatt rühren. Das Ganze in die kochende Milch-Sahne-Mischung einrühren, bis eine dickflüssige Creme entsteht. Vom Herd nehmen und sofort in eine kalte Schüssel umfüllen.
Birnen schälen, halbieren, entkernen und auf dem Biskuitboden verteilen. Die Vanillecreme darauf geben und glatt streichen.
Den Kuchen im heißen Backofen etwa 55 Minuten backen.

Den Kuchen auskühlen lassen, mit heißer Aprikosenmarmelade bestreichen und mit gerösteten Mandeln bestreuen.

Brombeeromelett mit Zimtschaum

Für 4 Personen

Zimtschaum:
250 ml Milch · 3 Zimtstangen · 4 Eigelb · 60 g Zucker · 1 cl Rum
1 Prise gemahlener Zimt

Omeletts:
50 g Brombeergelee · 200 g Brombeeren · abgeriebene Schale von ½ Orange · 1 EL Orangenlikör · 125 ml Milch · 40 g Zucker · 1 Päckchen Vanillezucker · 20 g Mehl · 30 g gemahlene Mandeln, geröstet · 3 Eigelb · 3 Eiweiß · 1 Prise Salz · 30 g Butterschmalz
40 g gehobelte Mandeln

Milch mit zerbrochenen Zimtstangen aufkochen und 2 Stunden ziehen lassen.

Für das Omelett den Gelee bei milder Hitze verflüssigen und glatt rühren. Brombeeren, Orangenschale und -likör vorsichtig unterrühren. Beiseite stellen.

Den Backofen auf 250 °C vorheizen. Milch, Zucker und Vanillezucker aufkochen. Mehl einrühren, nochmals aufkochen und abkühlen lassen. Gemahlene Mandeln und Eigelbe unterrühren. Eiweiße und Salz steif schlagen und unter den Teig heben.
Aus dem Teig 4 Omeletts zubereiten. Dafür jeweils gehobelte Mandeln in eine beschichtete Pfanne mit heißem Butterschmalz streuen, Teig einfüllen und glatt streichen. Im Ofen 5 bis 6 Minuten backen.

Inzwischen die Zimtmilch sieben, Eigelbe und Zucker dazugeben und über einem heißen Wasserbad schaumig aufschlagen. Mit Rum und Zimt abschmecken.
Omeletts mit der Hälfte der Brombeeren füllen, zusammenklappen und mit den restlichen Brombeeren und dem Zimtschaum servieren.

Gewürzauflauf mit Vanille-Safran-Eis

Für 8 Personen

Eis:
250 g Sahne · 250 ml Milch · 100 g Zucker · 1 Prise Safranfäden · 2 Vanilleschoten · 2 Eigelb · 2 Eier
Butter und Zucker für die Förmchen

Auflauf:
70 g gemahlene Mandeln · 50 g Biskuitbrösel · 1 TL Zimt
je ½ TL Piment, Kardamon, gemahlene Nelken · 1 Prise Salz
4 cl Rum abgeriebene Schale und Saft von 1 Orange · 90 g zimmerwarme Butter · 45 g Puderzucker · 6 Eigelb · 90 g fein geriebene Schokolade · 6 Eiweiß · 45 g Zucker

Für das Eis Sahne, Milch, Zucker, Safran, ausgekratztes Vanillemark und die aufgeschlitzten Schoten aufkochen.

Eigelbe und Eier verrühren. Vanille-Safran-Milch dazugießen und über einem heißen Wasserbad cremig aufschlagen. Durch ein Sieb in eine kalte Schüssel gießen, abkühlen lassen und in einer Eismaschine frieren.

Mandeln, Biskuitbrösel, Gewürze, Rum sowie Orangenschale und -saft mischen und etwa 30 Minuten ziehen lassen.

Butter und Puderzucker schaumig schlagen und Eigelbe einzeln hinzugeben. Gewürzmischung und Schokolade unterrühren. Eiweiße und Zucker steif schlagen und unterheben.

Backofen auf 190 °C vorheizen. Porzellanförmchen (Ø 6 cm) oder Kaffeetassen gut ausbuttern und mit Zucker ausstreuen. Gewürzmasse bis einen Finger breit unter den Rand einfüllen, im siedendes Wasser stellen und im Ofen 20 bis 25 Minuten pochieren.

Gewürzauflauf auf einen Teller stürzen und mit dem Vanille-Safran-Eis servieren. Eventuell mit halbgeschlagener Sahne ausgarnieren.

Getränkter Limettenkuchen mit eingelegten Gewürzorangen

Für 1 viereckige Form (20×25 cm)

Gewürzorangen:
5 Orangen · 130 g Zucker
250 ml Weißwein · 125 ml frisch gepresster Orangensaft
2 Kardamomkapseln
4 Nelken · 2 Sternanis · 2 Zimtstangen · 1 Vanilleschote
abgeriebene Schale von 1 Orange und 1 Zitrone
20 g Speisestärke · 2 cl Grenadine · 2 cl Grand Marnier

Limettenkuchen:
125 g Butter · 125 g Zucker · 1 Prise Salz · abgeriebene Schale von 1 Limette und 1/2 Orange · 135 ml Limettensaft
100 g Vollei · 125 g Mehl · 7 g Backpulver · 125 g Puderzucker · 2 cl Grand Marnier

Orangen filetieren. Zucker karamellisieren, mit Weißwein ablöschen und etwa 5 Minuten kochen. Orangensaft unterrühren. Gewürze sowie Orangen- und Zitronenschale dazugeben und alles etwa 10 Minuten leicht köcheln lassen.
Speisestärke mit 1 Esslöffel kaltem Wasser anrühren und den Gewürzfond damit leicht binden. Nochmals kurz aufkochen und abkühlen lassen.

Mit Grenadine und Grand Marnier abschmecken. Das Ganze über die Orangenfilets gießen und etwa 1 Tag im Kühlschrank marinieren. Vor dem Servieren Gewürze entfernen.

Für den Kuchen Butter aufkochen. Vom Herd nehmen, 75g Zucker, Salz, Limetten- und Orangenschale einrühren. Auf dem Herd solange rühren, bis die Masse bindet. 55ml nicht zu kalten Limettensaft einrühren.

Backofen auf 180°C vorheizen.

Vollei und 50g Zucker verrühren und auf etwa 50°C erwärmen. In einer Küchenmaschine kurz und schnell aufschlagen, bis der Zucker gelöst ist und in die Buttermasse einrühren.

Mehl und Backpulver sieben und mit einem Schneebesen unter die Masse heben. Das Ganze in eine mit Backpapier ausgelegte Form füllen und etwa 30 Minuten backen.

100ml Limettensaft, Puderzucker und Grand Marnier mischen und den frisch gebackenen Kuchen damit beträufeln.

„Sauer macht glücklich."

Baumkuchenspitzen

Für 30 bis 40 Stück

1 Baumkuchenrezept (S. 146) · 70 g Aprikosenmarmelade

Baumkuchen wie beschrieben zubereiten. Anschließend in Rauten schneiden und mit etwas aufgekochter Aprikosenmarmelade überziehen.

Mein Tipp:
Überziehen Sie die Spitzen auf der oberen Seite mit temperierter Kuvertüre.

Schokoladenkekse mit Nougat gefüllt

Für ca. 20 Stück

75g zimmerwarme Butter · 75g Marzipanrohmasse · abgeriebene Schale von 1/2 Orange · Mark von 1 Vanilleschote · 1/2 El Kakao 85g Mehl · 150g helles Nougat

Butter und Marzipan auf einer Marmorplatte verkneten. Orangenschale, Vanillemark, Kakao und Mehl mischen und mit der Marzipanmasse zu einem glatten Teig verarbeiten. Mindestens 2 Stunden kühl stellen.

Backofen auf 200°C vorheizen. Teig auf einer bemehlten Fläche 2mm dünn ausrollen und in kleine Quadrate (3×3cm) schneiden. Auf ein mit Backpapier belegtes Blech legen und etwa 10 Minuten backen. Abkühlen lassen.

Nougat mit einer Spachtel auf einer Marmorplatte glatt streichen, in einen Spritzbeutel mit kleiner glatter Tülle füllen und die Hälfte der Kekse damit füllen. Die anderen Hälften darauf setzen.

Truffe d'Or Für ca. 60 Stück

Masse I: 125 g Sahne · 7 g Kakao · 125 g Bitterkuvertüre · Schale von ½ Orange · ½ TL Carmeline (im Fachhandel erhältlich) 5 cl Grand Marnier

Masse II: 150 g Sahne · 1 Prise Salz · 100 g weiße Kuvertüre 100 g Vollmilchkuvertüre · ½ TL Carmeline · 3 cl Cointreau (60 %)

Außerdem: 60 dunkle Trüffelhohlkugeln · 600 g Halbbitterkuvertüre

Für Pralinenmasse I Sahne und Kakao aufkochen und klein gehackte Kuvertüre einrühren. Vom Herd nehmen, Carmeline einrühren und mit Grand Marnier und Orangenschale abschmecken. Abkühlen lassen.

Für Pralinemasse II Sahne und Salz aufkochen, klein gehackte weiße und Vollmilchkuvertüre einrühren. Vom Herd nehmen, Carmeline einrühren und mit Cointreau abschmecken. Abkühlen lassen.

Beide Massen mit einem Schneebesen kurz durchrühren, bis eine sämige Masse entsteht. Trüffelhohlkugeln mithilfe eines Spritzbeutels mit glatter Tülle zuerst zur Hälfte mit Masse I, anschließend mit Masse II auffüllen. 1 Stunde kühl stellen.

Dunkle Kuvertüre temperieren. Öffnung der Hohlkugeln mit etwas Kuvertüre schließen. Trüffel mithilfe einer Pralinengabel einzeln in die Kuvertüre geben und auf ein Pralinengitter setzen. Kurz anziehen lassen und mit der Gabel die Trüffel igeln, d. h. auf dem Gitter rollen.

Weiße Schokoladen-Orangen-Trüffel Für ca. 60 Stück

125 g Sahne · 20 g Glukose · 850 g weiße Kuvertüre · 15 g Butter · abgeriebene Schale von 1 Orange · 50 ml Grand Marnier · 60 weiße Trüffelhohlkugeln

Sahne und Glukose aufkochen, 250 g klein gehackte Kuvertüre einrühren. Vom Herd nehmen, Butter einrühren und mit Orangenschale und Grand Marnier abschmecken. Abkühlen lassen.

Mit einem Schneebesen rühren, bis die Masse sämig wird. In einen Spritzbeutel mit glatter Tülle füllen und in die Hohlkugeln füllen.

Kugeln wie oben beschrieben mit 600 g temperierter weißer Kuvertüre verschließen und überziehen.

Die goldenen Trüffel wurden schon immer von meinen Gästen hoch geschätzt.

Crème brûlée mit marinierten Erdbeeren

Für 4 Personen

Crème brûlée:
6 Eigelb • 110 g Zucker • 1 Vanilleschote • 200 ml Milch • 500 g Sahne
50 g brauner Zucker

Marinierte Erdbeeren:
200 g Erdbeeren (gewaschen und geputzt) • 20 g Puderzucker
2 cl Grand Marnier

Backofen auf 100 °C vorheizen. Eigelbe und Zucker verrühren. Vanilleschote, Milch und Sahne aufkochen und mit den Eigelben verrühren. Über einem heißen Wasserbad rühren, bis die Masse bindet. Durch ein feines Sieb passieren. In tiefen Tellern im Ofen etwa 40 Minuten garen. Abkühlen lassen.
Backofengrill auf 250 °C vorheizen. Creme mit braunem Zucker bestreuen und unter dem Grill oder mithilfe eines Bunsenbrenners gratinieren.
Erdbeeren in Stücke schneiden. In Puderzucker und Grand Marnier marinieren und zu der Creme servieren.

Hier kommt Ihr Bunsenbrenner voll zum Einsatz. Denn erst die richtige Hitze lässt die süße Zuckerkruste entstehen.

Parfait von weißer Schokolade

Für 8 Personen

4 Eigelb • Saft von 1 Orange • abgeriebene Schale von
1/2 Orange • 3cl Grand Marnier • 300g weiße Kuvertüre
250g geschlagene Sahne • 10g Kakao

Eigelbe, 100ml Wasser und Orangensaft über einem heißen Wasserbad cremig schlagen. Vom Wasserbad nehmen und die Creme kalt schlagen. Mit Orangenpaste und Grand Marnier aromatisieren.

Kuvertüre verflüssigen und lauwarm in die Eimasse einrühren. Sahne unterheben. 1/3 der Creme mit Kakao einfärben.

Eine dreieckige Parfaitform (3/4 l Inhalt) mit Klarsichtfolie auslegen. Zuerst die weiße Masse einfüllen. In die Mitte mit einem Spritzbeutel einen 2cm dicken Schokoladenkern spritzen. Die restliche weiße Masse darauf verteilen und glatt streichen. Mindestens 8 Stunden im Gefriergerät frosten lassen.

Die Form kurz mit heißem Wasser übergießen. Parfait aus der Form stürzen, Folie entfernen und in Scheiben schneiden.

Mit Vanille- und Himbeersauce (S. 153) anrichten.

Gewürzkrapfen mit eingelegten Feigen

Für 6 Personen

Feigen:
100 g Zucker • 500 ml schwarzer Johannisbeersaft • 2 Nelken • 1 Zimtstange • Saft und abgeriebene Schale von 1 Orange • 10 g Speisestärke • 6 frische Feigen

Krapfen:
70 ml Milch • 10 g Hefe • 20 g Honig • 150 g Mehl • 30 g Butter • ½ Vanilleschote • 2 Eigelb • 1 EL Rum oder Orangensaft
1 Msp. gemahlene Nelken • 1 Msp. gemahlener Sternanis • 1 Prise Salz

Außerdem:
500 g Kokosfett zum Frittieren • 10 g Puderzucker • 100 g Kokosflocken

Zucker leicht karamellisieren. Vom Herd nehmen und Johannisbeersaft dazugeben. Gewürze, Orangensaft und -schale zugeben und auf ¾ der Menge reduzieren. Mit in 1 Esslöffel kaltem Wasser angerührter Stärke binden und nochmals aufkochen.

Feigen schälen und in der Flüssigkeit einmal aufkochen. 4 Stunden ziehen lassen. Nelken und Zimtstangen vor dem Servieren entfernen.

Für die Krapfen aus den Zutaten einen Hefeteig zubereiten und diesen zugedeckt an einem warmen Ort auf doppelte Größe aufgehen lassen.

Kokosfett auf 180°C erhitzen. Einen Esslöffel kurz in das Fett tauchen, damit Nocken aus dem Teig abstechen und diese etwa 3 Minuten goldbraun ausbacken, dabei einmal wenden. Auf Küchenkrepp abtropfen lassen.

Puderzucker und Kokosflocken mischen und die Krapfen darin wälzen.

Ein Hauch des Orients versteckt
sich in diesem Dessert.

Dreierlei Sorbets im Mandelkörbchen

Für 10 Personen

Passionsfruchtsorbet:
500 ml frischer Passionsfruchtsaft • 150 g Zucker • 2 Blatt Gelatine

Himbeersorbet:
500 g TK-Himbeeren • 200 g Puderzucker • abgeriebene Schale und Saft von 1 Limette

Rieslingsorbet:
300 ml Rieslingwein
85 g Zucker
100 g kalte Butterflocken
1 Eigelb
1 Blatt Gelatine

Mandelkörbchen:
250 g Zucker • 50 ml Orangensaft
125 g flüssige Butter • Saft von 1/2 Zitrone • 75 g Mehl
125 g Mandelblättchen

Passionsfruchtsaft, Zucker und 50 ml Wasser aufkochen, vom Herd nehmen und die in kaltem Wasser eingeweichte und anschließend ausgedrückte Gelatine einrühren. Abkühlen lassen und in einer Sorbetière oder Eismaschine frieren, bis eine sämige Masse entsteht. In den Gefrierschrank stellen.
Himbeeren auftauen, mit Puderzucker mixen und durch ein feines Sieb passieren. Mit Limettenschalen und -saft abschmecken, in einer Sorbetière frieren und in den Gefrierschrank stellen.

Riesling und Zucker aufkochen. Zusammen mit Butterflocken und Eigelb mixen. Gelatine in kaltem Wasser einweichen, ausdrücken und unterrühren. Abkühlen lassen. In einer Sorbetière frieren und in den Gefrierschrank stellen.

Den Backofen auf 200°C vorheizen.

Für die Mandelkörbchen Zucker, Orangensaft, Butter und Zitronensaft kochen, bis das Ganze leicht sirupartig wird. Sofort von der Flamme nehmen.

Mehl und Mandelblättchen mischen und einrühren. Mit nassen Händen aus der Mandelmasse Kugeln formen und auf ein beschichtetes Backblech zu Kreisen (12 cm Ø) platt drücken. Im Ofen backen, bis der Teig goldbraun ist. Mandelmasse mithilfe einer Palette in eine große Schale geben und kurz erkalten lassen. Auf diese Weise 10 Mandelkörbchen zubereiten.

Körbchen auf einen großen Teller setzen, mit jeweils 3 Kugeln Sorbet füllen und eventuell mit frischen, marinierten Beeren servieren.

Operaschnitten

Für ca. 30 Stück

Biskuit:

4 Eier · 120 g Zucker · 60 g Mehl · 60 g Speisestärke · 40 g flüssige, lauwarme Butter · Puderzucker zum Bestäuben

Zum Tränken und Glasieren:

125 ml Läuterzucker (S. 153) · 5 g Instant Espressopulver
3 cl starker Kaffee · 3 cl Rum · 50 g aufgekochte Aprikosenkonfitüre · 200 g Halbbitterkuvertüre

Schokoladencreme:

125 g Sahne · 25 g Butter · 200 g Bitterkuvertüre

Buttercreme:

125 g Butter · 45 g Puderzucker · ca. 3 EL Kaffeelikör · 15 g Instant Espressopulver

Biskuitteig zubereiten, auf 2 mit Backpapier ausgelegte Backbleche (30×25 cm) ausstreichen und etwa 12 Minuten bei 200 °C backen. Auf ein mit Puderzucker bestäubtes Tuch stürzen und abkühlen lassen.

Läuterzucker, Espressopulver, Kaffee und Rum verrühren und beiseite stellen. Biskuitböden jeweils halbieren, sodass 4 gleich große Platten entstehen. 1 Boden mit Konfitüre bestreichen und antrocknen lassen. 50 g temperierte Kuvertüre darauf streichen und im Kühlschrank fest werden lassen.

Für die Schokoladencreme Sahne und Butter aufkochen, zerkleinerte Kuvertüre darin schmelzen. Kalt rühren, bis die Masse dicklich wird.

Biskuitplatte mit Kuvertüre nach unten auf eine Platte legen, mit 1/4 der Läuterzuckermischung tränken. Darauf eine Schicht Schokoladencreme geben. Die anderen Biskuitplatten nacheinander darauf setzen, jeweils tränken und mit Creme bestreichen. Die letzte Platte nur tränken. In Folie gewickelt etwa 30 Minuten beschweren.

Buttercreme zubereiten. Den Rest Schokoladencreme auf den oberen Biskuitboden verteilen, darauf Buttercreme geben und kühl stellen.

150 g temperierte Kuvertüre auf der Buttercreme verteilen. Bevor sie fest wird mit einem Sägemesser ein Wellenmuster einziehen und trocknen lassen. In Stücke schneiden und evtl. mit Blattgold garnieren.

Lafers Mozartknödel

Für 6 Portionen

Kartoffelteig:
350 g mehlig kochende Kartoffeln · 30 g Butter · 150 g Mehl
40 g Hartweizengrieß · 2 Eigelb · ½ El Vanillezucker · abgeriebene Schale von 1 Zitrone · 1 Prise Zimt · 1 Prise Salz

Marzipanteig:
60 g fein gemahlene Pistazienkerne · 60 g Puderzucker
150 g Marzipanrohmasse · 1 El Rum

Gefüllte Pflaumen:
50 g Nougat · 50 g Halbbitterkuvertüre · 50 g weiche Butter
abgeriebene Schale von 1 Orange · 1 El Orangensaft
12 entsteinte Backpflaumen

Sauce:
100 g Crème double · 20 g Puderzucker · 1 El Rum

Außerdem:
200 g gemahlene Mandeln · 100 g pürierte und passierte Himbeeren

Backofen auf 200°C vorheizen.
Kartoffeln garen, pellen und im Ofen etwa 10 Minuten trockendämpfen.
Durch eine Kartoffelpresse drücken und mit den anderen Teigzutaten zu einem glatten Teig verarbeiten. Etwa 1 Stunde im Kühlschrank ruhen lassen.

Für den Marzipanteig Pistazien, Puderzucker, zerbröckelte Marzipanrohmasse und Rum zu einem Teig verkneten. Beiseite stellen.

Für die gefüllten Pflaumen Nougat und Kuvertüre über einem warmen Wasserbad schmelzen. Butter schaumig schlagen und die Nougatkuvertüre langsam einlaufen lassen. Orangenschale und -saft dazugeben, alles zu einer Creme verrühren und fest werden lassen.

Backpflaumen vorsichtig aushöhlen. Creme in einen Spritzbeutel mit kleiner Lochtülle füllen und in die Backpflaumen spritzen. Marzipanteig zwischen 2 Klarsichtfolien etwa 2 mm dünn ausrollen und in 12 gleich große Stücke schneiden. Kartoffelteig ebenfalls ausrollen und in 12 Stücke schneiden.

Backpflaumen jeweils zuerst mit Marzipan, anschließend mit Kartoffelteig umhüllen und zu Knödeln formen. In kochendes Salzwasser geben und etwa 10 Minuten gar ziehen lassen. Mandeln goldbraun rösten und die fertigen Knödel darin wälzen.
Für die Sauce Crème double, gesiebten Puderzucker und Rum glatt rühren. Knödel, Sauce und Himbeerpüree dekorativ anrichten.

Es gibt viele Knödel, jedoch nur einen warmen Mozartknödel. Dieses Dessert ist eine Hommage an den großen Komponisten.

Vacherin aus Vanilleeisparfait mit Himbeerkern

Für 6 Törtchen

Baisermasse:
2 Eiweiß (von kleinen Eiern) · 70g Zucker · Mark von 1 Vanilleschote
55g Puderzucker · 10g Speisestärke

Parfait:
110g Zucker · Mark von 2 Vanilleschoten · 3 Eigelb · 1 Eiweiß
225g geschlagene Sahne

Himbeerkern:
300g TK-Himbeeren · 100g Puderzucker

Eiweiße anschlagen, Zucker nach und nach zugeben und Vanillemark unterrühren. Masse schlagen, bis der Zucker gelöst ist. Puderzucker und Speisestärke mischen und unter die Eiweißmasse heben.

In einen Spritzbeutel einfüllen und auf ein mit Backpapier belegtes Blech spiralförmige Kreise (Ø 7cm) sowie kleine Stäbchen spritzen. Kreise kurz mit einem Gasbrenner abflammen. Baisermasse im Backofen etwa 3 Stunden bei 100°C oder über Nacht bei 50°C bei leicht geöffneter Tür trocknen.
60g Zucker, 60ml Wasser und Vanillemark leicht zu Sirup einkochen. Eigelbe schaumig schlagen, Sirup langsam einlaufen lassen. Solange rühren, bis die Masse kalt und zähflüssig ist. Eiweiß und 50g Zucker steif schlagen und unter die Masse heben. Sahne unterheben.

Halbgefrorene Himbeeren und Puderzucker mixen und durch ein feines Sieb passieren. Metallringe (Ø 7,5cm, Höhe 4cm) auf ein Blech stellen. Baiserkreise mit der abgeflammten Seite nach unten einlegen, den Rand mit Baiserstäbchen auskleiden.
Parfait bis zur Hälfte einfüllen, in die Mitte 1 Esslöffel Himbeermark geben und mit restlichem Parfait bis 3mm unter den Rand auffüllen. Mindestens 5 Stunden frieren.
Törtchen auf Teller stürzen, Ringe abziehen und mit Himbeersauce (S.154) servieren.

Ich bin sehr glücklich,
dass ich Herrn Johann Lafer
in meinem Restaurant „Pré Catelan"
in Paris sowie später in der „Aubergine" in
München kennen lernen durfte. Seine späteren
Erfolge im „Le Val d'Or" habe ich natürlich mit großem Interesse verfolgt.
Johann ist einer der besten Köche der Welt und außerdem der Vollkommenste,
weil er Patissier, Chocolatier, Glacier und ein ausgezeichneter Koch in einer Person ist. Er ist der große Künstler seiner Generation. Besonders schätze ich an ihm, dass er ein liebenswerter und talentierter Mensch geblieben ist.
Er weiß sein Wissen und besonders seine Leidenschaft zu vermitteln und zeigt somit, wie schön unser Beruf ist. Besonders, wenn er von einem solchen Meister wie Johann ausgeübt wird.

Dein Freund fürs Leben

Gaston Lenôtre

Das ist mein heutiges süßes Leben

J'ai eu beaucoup de chance
de connaître Monsieur Johann Lafer
c'était au Restaurant Le Pré Catelan
chez moi à Paris. Ensuite à Munich
à l'Aubergine et bien sûr j'ai
suivi son succès au Val d'Or.
Johann est l'un des meilleurs chefs
au monde, et aussi le plus
complet car il est pâtissier-chocolatier,
glacier, et grand cuisinier.
C'est le grand artiste de sa génération,
et sa plus grande qualité, c'est
d'être resté un homme aimable,
talentueuse.

Il sait transmettre son savoir
sa passion. que notre métier
est beau lorsqu'il est exprimé
par un grand Chef comme Johann

ton ami pour la vie

Gaston Lenôtre

Weißes Mokkatörtchen im Bitterschokoladenmantel

Für 10 Törtchen

200g Halbbitterkuvertüre • 1 dünner Biskuitboden, Ø 26cm (S.152) 200ml Milch • 55g Mokkabohnen • 3 Eigelb • 60g Zucker • 2 Blatt Gelatine • 3cl Creme de Cacao • 200g geschlagene Sahne

Eine mit Ornamenten bedruckte Kunststofffolie (im Fachhandel erhältlich) so zurechtschneiden, dass der Rand der Ringformen (Ø 5cm) damit ausgekleidet werden kann. Sie sollte etwa 1cm überlappen.

Kuvertüre temperieren, auf die Folienstreifen gießen und über die Ränder hinaus verstreichen. Beginnt die Kuvertüre zu erstarren, die Folie abheben und den Innenrand der Formen damit auskleiden. Die Ringe auf ein Blech setzen und den Boden der Formen mit einem Biskuitkreis (Ø ca. 5cm) auslegen.

Milch zusammen mit Mokkabohnen aufkochen und 30 Minuten ziehen lassen. Durch ein feines Sieb geben und nochmals aufkochen.

Eigelbe und Zucker verrühren. Mokkamilch langsam einrühren und alles über einem heißen Wasserbad abrühren, bis die Masse bindet.

Gelatine in kaltem Wasser einweichen, ausdrücken und in die Creme einrühren. Das Ganze auf Eis kaltrühren, mit Crème de Cacao abschmecken und die Sahne unterheben. In die Formen einfüllen und für 2 Stunden kühl stellen.

Die Ringe lösen, Folie abziehen und die Törtchen mit Himbeer- und Vanillesauce (S.154/155) anrichten.

Pralinenhalbgefrorenes in Pistazien-Krokant-Blättern mit Cassissabayon

Für 4 Personen

Halbgefrorenes:
40g Zucker · 2 Eigelb · 50g helles Nougat · 50g Halbbitterkuvertüre
3cl weiße Crème de Cacao · 1cl Rum · 180g nicht zu fest geschlagene Sahne
Krokantblätter:
70g Butter · 80g Zucker · 25g Glukose · 30g gehackte Pistazien · 30g Mehl
Sabayon:
80 ml schwarzen Johannisbeersaft · 30g Zucker · 2 Eigelb · 2cl Cassislikör

Zucker und 65 ml Wasser leicht zu Sirup einkochen. Eigelbe in einer Küchenmaschine leicht aufschlagen und Sirup langsam dazugeben. Masse kalt schlagen.
Nougat und Kuvertüre zusammen über einem warmen Wasserbad verflüssigen und lauwarm in die Eigelbmasse einrühren. Mit Crème de Cacao und Rum abschmecken.
Einen Teil der Sahne schnell einrühren, den Rest vorsichtig unterheben. Masse in eine viereckige Form (15×20cm) einfüllen und 3 bis 4 Stunden frieren.
Für die Krokantblätter Butter verflüssigen, Zucker und Glukose dazugeben und solange rühren, bis die Masse bindet. Pistazien und Mehl mischen und untermengen. Etwa 1 Stunde kühl stellen.
Backofen auf 220°C vorheizen. Walnussgroße Kugeln aus der Krokantmasse abstechen, auf ein mit Backpapier belegtes Blech geben und platt drücken. Goldbraun backen, kurz abkühlen lassen und mit einer Spachtel auf Backpapier setzen.
Für die Sabayon Johannisbeersaft, Zucker und Eigelbe über einem heißen Wasserbad cremig schlagen, vom Wasserbad nehmen, weiterschlagen und mit Cassislikör abschmecken.
Pralinenhalbgefrorenes in kleine Dreiecke schneiden und in die Krokantblätter einschichten. Mit der Sabayon anrichten.

Soufflierte Himbeertarte mit Vanillesabayon

Für 6 Törtchen

Tartes:
300g Mürbeteig (S.152) • 100g Biskuit- oder Semmelbrösel
250ml Milch • 250g Sahne • 1 Prise Salz • Mark von 2 Vanille-schoten • 120g Zucker • 40g Vanillecremepulver • 4 Eigelb • 3 Eiweiß
150g frische Himbeeren

Sabayon:
125ml Milch • 125g Sahne • 50g Zucker • Mark von 1 Vanilleschote
4 Eigelb

Backofen auf 220°C vorheizen. Tartelettförmchen (⌀ 6cm) auf ein Backblech setzen. Mürbeteig auf einer bemehlten Fläche dünn ausrollen, 6 Kreise (⌀ 8cm) ausstechen und damit die Förmchen auslegen. Teig mit einer Gabel mehrmals einstechen, mit getrockneten Hülsenfrüchten beschweren und 10 bis 15 Minuten blind backen. Hülsenfrüchte entfernen, Mürbeteig abkühlen lassen, aus den Förmchen lösen und mit Biskuitbrösel bestreuen.

Milch, Sahne, Salz und Vanillemark mischen, die Hälfte beiseite stellen und die andere Hälfte mit 20g Zucker zum Kochen bringen.

Cremepulver, Eigelbe und die kalte Flüssigkeit glatt rühren und in die kochende Milchmischung gießen. Unter ständigem Rühren kochen, bis eine dickflüssige Masse entsteht und in eine kalte Schüssel füllen. Eiweiße und Zucker steif schlagen und unter die heiße Vanillemasse heben.

Ein Teil der Creme auf den Mürbeteigböden verteilen, einige Himbeeren darauf setzen und die restliche Creme darauf verteilen. Kühl stellen.

Für die Sabayon Milch, Sahne, Zucker und Vanillemark aufkochen und abkühlen lassen. Eigelbe verrühren, nach und nach die Milch-Sahne-Mischung dazugeben und das Ganze über einem heißen Wasserbad cremig schlagen.

Vor dem Servieren die Himbeertörtchen kurz bei 250°C Oberhitze unter dem Backofengrill abflämmen und mit der Sabayon servieren.

Geeistes gratiniertes Passionsfruchttörtchen mit Orangensabayon

Für 8 Törtchen

Törtchen:
140ml frischer Passionsfruchtsaft • 100g flüssige Butter • 5 Eier
225g Zucker • 3 Blatt Gelatine • 125g geschlagene Sahne
50g brauner Zucker

Sabayon:
4 Eigelb • 125ml frischgepresster Orangensaft • 30g Zucker
1,5cl Grand Marnier

Passionsfruchtsaft unter Rühren aufkochen. Flüssige Butter dazugeben.

Eier und Zucker verrühren, Saft-Butter-Mischung einrühren und über einem heißen Wasserbad cremig aufschlagen, bis die Masse bindet.

Gelatine in kaltem Wasser einweichen, ausdrücken, in die Creme einrühren und alles durch ein Sieb geben. Auf Eiswasser kalt rühren und anschließend Sahne unterheben.

Ringe (Ø 8cm, Höhe 2cm) auf ein mit Backpapier belegtes Backblech setzen, die Passionsfruchtcreme einfüllen und im Gefrierschrank mindestens 3 bis 4 Stunden frieren.

Für die Sabayon Eigelbe, Orangensaft und Zucker über einem heißen Wasserbad schaumig aufschlagen. Anschließend kalt schlagen und Grand Marnier unterrühren.

Törtchen mit braunem Zucker bestreuen und mit einem Gasbrenner kurz abflämmen. Ringe von unten nach oben abziehen. Törtchen mit der Orangensabayon servieren.

Für mich ist die Passionsfrucht eine
der edelsten Früchte überhaupt?

Mandelauflauf mit flambierten Sommerfrüchten

Für 6 Personen

Mandelauflauf:

125 ml Milch • 20 g Mehl • Mark von 1 Vanilleschote • 100 g Zucker • 70 g gemahlene Mandeln • 25 g Butter • 4 Eigelb • 3 cl Amaretto 4 Eiweiß

Sommerfrüchte:

90 g Zucker • 250 ml schwarzer Johannisbeersaft • 150 ml Rotwein 125 ml frisch gepresster Orangensaft • Saft von 2 Zitronen abgeriebene Schale von 1 Orange und 1 Zitrone • 500 g Sommerbeeren, z. B. Erdbeeren, Brombeeren, Himbeeren, Stachelbeeren, Johannisbeeren etc. (gewaschen und geputzt) • 1 TL Zimt • 2 cl Rum

4 Esslöffel Milch mit Mehl glatt rühren. Vanillemark, 25 g Zucker und restliche Milch zum Kochen bringen. Angerührtes Mehl in die kochende Milch geben und 1 bis 2 Minuten kochen lassen. Durch ein feines Sieb passieren und kühl stellen.

Backofen auf 200 °C vorheizen. Mandeln in Butter goldbraun rösten. Eigelbe, Amaretto und Mandeln unter die Vanillecreme rühren. Eiweiße mit 25 g Zucker steif schlagen und unterheben.

6 Förmchen mit 25 g Butter ausfetten und mit 50 g Zucker ausstreuen. Mandelmasse einfüllen und in einem Wasserbad im Ofen etwa 35 Minuten pochieren.

Für die Früchte Zucker karamellisieren, mit Johannisbeersaft und Rotwein ablöschen, Orangen- und Zitronensaft sowie Orangen- und Zitronenschale dazugeben und alles dickflüssig einkochen. Beeren und Zimt dazugeben, Rum darüber gießen und flambieren.

Zum Auflauf servieren.

Aprikosenparfait
mit Rhabarberkompott

Für 8 Personen

Aprikosenparfait:
250g Aprikosenmarmelade • 250g frische Aprikosen • 120g Zucker • 60ml Weißwein 1Ei • 1Eigelb • 3cl Aprikosenbrandy • 200g geschlagene Sahne

Rhabarberkompott:
500g Rhabarber • 150g Zucker • 2 Zimtstangen • 30g Vanillecreme-pulver • 100g frische Erdbeeren (gewaschen und geputzt) • 10g Puder-zucker • Saft von ½ Limette

Aprikosenmarmelade durch ein feines Sieb passieren und mindestens 5 Minuten gut durchkochen. Auf Eiswürfeln kalt rühren, bis die Marmelade spritzfähig ist. In einen Spritzbeutel einfüllen.

Aprikosen waschen, halbieren, entsteinen und in 50g Zucker und Weißwein weich dünsten. Aprikosen mixen und durch ein feines Sieb passieren. Auskühlen lassen.

Ei, Eigelb und 70g Zucker über einem heißen Wasserbad aufschlagen. Anschließend kalt schlagen. Aprikosenmark und Aprikosenbrandy einrühren. Sahne vorsichtig unterheben.

Etwas Parfaitmasse in eine mit Klarsichtfolie ausgelegte Dreiecksform (500ml Inhalt) füllen, in die Mitte einen Längsstreifen der Aprikosenmarmelade einspritzen und darauf erneut etwas Parfaitmasse verteilen. Nun mit einem Abstand von 1,5 cm 2 Längsstreifen Marmelade einspritzen und wieder mit Parfaitmasse bedecken. Darauf 3 Längsstreifen Marmelade einspritzen und die restliche Parfaitmasse darauf verteilen. Mindestens 5 Stunden frieren.

Backofen auf 150°C vorheizen. Rhabarber waschen, schälen und in 3 cm lange Stücke schneiden. In einem abgedeckten Topf zusammen mit Zucker im Ofen weich dünsten.

Saft abgießen, mit Zimtstangen aufkochen und mit Cremepulver leicht binden. Kurz aufkochen und abkühlen lassen.

Erdbeeren und Puderzucker mixen und durch ein feines Sieb passieren. Erdbeersauce und Rhabarbersaft mischen und mit Limettensaft abschmecken. Über den Rhabarber gießen.

Parfait aus der Form stürzen, in Scheiben schneiden und mit dem Kompott servieren.

Denn: „Das Auge isst mit."

Schoko-Passionsfrucht-Kuppel

Für 15 bis 20 Kuppeln

Schokoladenbiskuit:
55g Butter · 25g Puderzucker · 55g weiße Schokolade · 2 Eigelb
3 Eiweiß · 35g Zucker · 50g Mehl · 15g gemahlene Walnüsse

Passionsfruchtcreme:
125ml Passionsfruchtmark (aus frischen Früchten) · 140g Zucker
2 Blatt Gelatine · 1 Eiweiß · 100g geschlagene Sahne

Schokoladencreme:
1 Ei · 2cl Grand Marnier · 1 Blatt Gelatine · abgeriebene Schale von 1 Orange · 70g Bitterkuvertüre · 150g geschlagene Sahne

Passionsfruchtgelee:
250ml Passionsfruchtsaft (aus dem Glas) · 50g Zucker · 3 Blatt Gelatine

Backofen auf 180°C vorheizen. Für den Boden Butter und Puderzucker schaumig schlagen. Schokolade verflüssigen und mit den Eigelben nach und nach zur Buttermasse geben.
Eiweiße und Zucker steif schlagen und abwechselnd mit dem Mehl und den Walnüssen unter die Masse heben. Teig ½ cm dünn auf ein mit Backpapier ausgelegtes Backblech streichen und 15 Minuten backen. Abkühlen lassen.
Für die Fruchtcreme Passionsfruchtmark und 130g Zucker aufkochen. In kaltem Wasser eingeweichte und ausgedrückte Gelatine unterrühren. Abkühlen lassen.

Eiweiß und 10g Zucker schaumig schlagen und zusammen mit der Sahne unter die Fruchtmasse heben. Beiseite stellen.

Für die Schokoladencreme 1 Ei und 1 Esslöffel Wasser über einem heißen Wasserbad warm schlagen, anschließend kalt schlagen. In kaltem Wasser eingeweichte und ausgedrückte Gelatine im leicht erwärmten Grand marnier auflösen und unter die Eimasse rühren. Orangenschale dazugeben. Flüssige, nicht zu kalte Bitterkuvertüre schnell dazugeben und Sahne unterheben. Anschließend in einen Spritzbeutel einfüllen.

Passionsfruchtcreme bis zur Hälfte in Kuppelförmchen (⌀ 5,5 cm) einfüllen, in die Mitte einen Kern von der Schokoladencreme einspritzen und mit Passionsfruchtcreme bis 1/2 cm unter dem Rand auffüllen. Mit in entsprechender Größe ausgestochenen Biskuitkreisen die Kuppel abschließen. Etwa 2 Stunden kühl stellen.

Für das Gelee Passionsfruchtsaft und Zucker aufkochen. In kaltem Wasser eingeweichte und ausgedrückte Gelatine darin auflösen. Kuppel auf ein Gitter stürzen und mit dem Gelee glasieren.

Mit etwas Himbeersauce (S.154) servieren.

Schokoladenmillefeuille

Für 6 Personen

Schokoladenblätter:
200g weiße Kuvertüre · 200g Halbbitterkuvertüre ·
Dunkles Schokoladenmousse:
1Ei · Saft von 1 Orange · 2cl Amaretto · 1cl weiße Creme de Cacao
125g Halbbitterkuvertüre · 300g geschlagene Sahne
Weißes Schokoladenmousse:
1Ei · 2cl Grand Marnier · abgeriebene Schale von 1/2 Orange
130g weiße Kuvertüre · 300g geschlagene Sahne

Aus temperierter weißer und dunkler Kuvertüre Schokoladenblättchen herstellen.
Für das dunkle Mousse Ei und Orangenschale über einem heißen Wasserbad schaumig schlagen. Mit Amaretto, Creme de Cacao und Orangenpaste abschmecken. Kuvertüre verflüssigen und zimmerwarm in die Eimasse einrühren. Sahne unterheben und 2 Stunden kühl stellen.
Für das weiße Mousse Ei und 2 Esslöffel Wasser über einem heißen Wasserbad schaumig schlagen. Anschließend kaltschlagen. Mit Grand Marnier und Orangenschale abschmecken. Kuvertüre verflüssigen und zimmerwarm in die Eimasse einrühren. Sahne unterheben und 2 Stunden kühl stellen.

Dunkles und weißes Mousse abwechselnd in die Schokoladenblättchen einschichten.
Mit Mangosauce (S. 154) anrichten.

Ein perfektes Zusammenspiel zweier Schokoladen.

Zitronenkuchen mit gratinierter Baiserhaube

Für 1 Kuchen

Teig und Füllung:

250 g TK-Blätterteig • ca. 40 g Puderzucker • 4 Blatt Gelatine
4 Eigelb • 200 g Zucker • Saft und abgeriebene Schale von 3 Zitronen
100 g weiße Kuvertüre

Baiser:

4 Eiweiß • 120 g Zucker • abgeriebene Schale von 1 Zitrone • Mark von 1 Vanilleschote • 1 Prise Salz

Backofen auf 240 °C vorheizen. Blätterteig etwa 3 mm dünn ausrollen, auf ein mit Wasser beträufeltes Blech legen, mit einem Kuchengitter beschweren und goldgelb backen. Abkühlen lassen.

Mit einem Tortenring (Ø 18 cm) einen Kreis ausstechen, dick mit Puderzucker bestreuen und unter dem Backofengrill bei 250 °C goldgelb karamellisieren.

Abkühlen lassen.

Eigelbe, Zucker, Zitronenschale und -saft über einem heißen Wasserbad schaumig schlagen. Kuvertüre verflüssigen und zusammen mit der in kaltem Wasser eingeweichten und ausgedrückten Gelatine in die Masse einrühren. Tortenring um den Blätterteig setzen und die Masse einfüllen. Kühl stellen, bis die Creme fest ist.

Backofengrill auf 250 °C vorheizen. Eiweiße, Zucker, Zitronenschale, Vanillemark und Salz steif schlagen. Masse in einen Spritzbeutel füllen und spiralförmig auf die Zitronencreme spritzen. Unter dem Grill abflämmen. Eventuell mit Schokoladengitter garnieren.

Geeister Mokka

Für 10 bis 12 Mokkatassen

125 g Sahne • 10 g Instantkaffee
25 g Kaffeebohnen • 110 g Zucker
3 Eigelb • 1 Prise Salz • 125 g geschlagene Sahne
2 Eiweiß

Sahne, Instantkaffee und Kaffeebohnen aufkochen und 30 Minuten ziehen lassen. Durch ein Sieb geben.
40 g Zucker und Eigelbe über einem heißen Wasserbad schaumig schlagen. Anschließend kalt schlagen. Salz und heiße Kaffeesahne unterrühren, zur Rose abziehen und abkühlen lassen.

Geschlagene Sahne unterheben. Eiweiße und Zucker steif schlagen und unterheben. Masse in Mokkatassen füllen und 2 bis 3 Stunden frieren.
Mit halbgeschlagener Sahne servieren.

Pfannkuchenteig:

175g Mehl · 320ml Milch
2Eier · abgeriebene Schale von 1/2 Zitrone
Mark von 1 Vanilleschote · 1 Prise Salz · 100g Butter-
schmalz zum Braten

Füllung:

80g Butter · 110g Zucker · 250g ausgedrückter Magerquark · 3Eigelb
1El Crème fraîche · abgeriebene Schale von 1/2 Orange und 1/2 Zitrone
50g Rosinen · 1 Prise Salz · 1El Rum · 2 Eiweiß

Guss:

40g Zucker · 1Ei · 1Eiweiß · 125g Sahne · Mark von 1 Vanille-
schote · 30g brauner Zucker

Für den Teig Mehl, Milch, Eier, Zitronenschale, Vanillemark und Salz verrühren. Daraus nach und nach 6 Pfannkuchen im heißen Butterschmalz backen. Beiseite stellen. Backofen auf 200°C vorheizen.

Gefüllte Pfannkuchentorte mit Zuckerkruste

Für 6 bis 8 Personen

Für die Füllung 60g Butter und 50g Zucker schaumig schlagen. Quark, Eigelbe und Crème fraîche unterrühren. Orangen- und Zitronenschale, Rosinen, Salz und Rum dazugeben. Eiweiße und 60g Zucker steif schlagen und unterheben.

Abwechselnd in eine mit der restlichen Butter dick ausgepinselte Springform (⌀ 26cm) einen Pfannkuchen und etwas Füllung einschichten, mit einem Pfannkuchen abschließen. 10 bis 12 Minuten backen.

Für den Guss Zucker, Ei und Eiweiß verrühren. Sahne und Vanillemark unterrühren. Auf die Torte gießen und verteilen. Weitere 20 Minuten backen.

Braunen Zucker auf die Torte streuen und etwa 5 Minuten im Ofen karamellisieren lassen. Torte 2 bis 3 Stunden ruhen lassen. Kurz vor dem Servieren im Backofen erwärmen und mit Gewürzorangen (S. 88) servieren.

Kaum zu glauben, dass aus einfachen Pfannkuchen ein solches Kunstwerk entstehen kann.

Bénédictineparfait im Baumkuchenmantel

Für 6 Törtchen

Baumkuchen:
220g zimmerwarme Butter · 100g Puderzucker · Mark von 1 Vanilleschote · 1 EL Rum
1 Prise Salz · 6 Eigelb
150g Marzipanrohmasse
50ml Milch · 6 Eiweiß
120g Zucker · 90g Mehl
80g Speisestärke
50g Aprikosenmarmelade

Bénédictineparfait:
110g Zucker · 3 Eigelb · Mark von 1 Vanilleschote · 4cl Bénédictinelikör · 1 Eiweiß · 225g geschlagene Sahne

Backofen auf 250°C sowie den Grill vorheizen. Für den Baumkuchen Butter, Puderzucker, Vanillemark, Rum und Salz schaumig schlagen. Eigelbe unterrühren. Marzipanrohmasse und Milch leicht erwärmen, mit einem Schneebesen glattrühren und in die Butter-Eier-Masse rühren.

Eiweiße und Zucker steif schlagen. 1/3 unter den Teig heben. Mehl und Speisestärke mischen, die Hälfte unter den Teig rühren. Restlichen Eischnee und restliche Mehl-Stärke-Mischung vorsichtig unterheben.

Eine dünne Schicht Teig gleichmäßig in einer mit Backpapier ausgelegten Form (25 x 20 cm) ausstreichen. Im oberen Drittel des Backofens in 2 bis 3 Minuten goldgelb backen.

Eine weitere dünne Teigschicht einfüllen und ebenso backen. Auf diese Weise insgesamt 20 Schichten zubereiten. Das Ganze mit Alufolie abgedeckt etwa 5 Minuten bei 170°C backen. Abkühlen lassen.

Für das Parfait 60g Zucker und 60ml Wasser leicht zu Sirup einkochen lassen. Eigelbe und Vanillemark in der Küchenmaschine schaumig schlagen und den Sirup am Rand der Schüssel langsam einfließen lassen. Rühren, bis die Masse kalt und zähflüssig ist. Mit Bénédictinelikör abschmecken.

Eiweiß und 50g Zucker nicht zu steif schlagen und unter die Eigelbmasse heben. Anschließend Sahne unterheben.

Baumkuchen aus der Form stürzen, Backpapier abziehen und den Kuchen längs in 3mm dünne Streifen schneiden. Metallringe (Ø 7cm, Höhe 4cm) auf eine mit Backpapier ausgelegte Platte setzen, Baumkuchenstreifen auf passende Größe schneiden und den Rand der Ringe damit auskleiden. Parfaitmasse einfüllen und das Ganze mindestens 5 Stunden frieren.

Ringe abziehen und den Baumkuchenrand mit aufgekochter Aprikosenmarmelade bestreichen.

Ein Leben hinter Klostermauern käme für mich nicht infrage. Aber wer kann schon diesem berühmten Likör aus der Benedictinerabtei in der Normandie widerstehen?

Melonen-Pflaumenwein-Süppchen

Für 6 Personen

Eis:
150g Zitronengras • 100ml Limettensaft • 80g Zucker • 30g Ahornsirup • 15g Glukose • 150g kalte Sahne • 200ml kalte Milch
abgeriebene Schale von 1 Limette

Suppe:
3 mittelgroße Zuckermelonen • 125ml Pflaumenwein • 50g Puderzucker • Saft von 1 Limette • 150g Eiswürfel • 2cl Batida de Coco

Zum Garnieren:
einige exotische Früchte • einige Minzblättchen

Zitronengras der Länge nach halbieren, in kleine Stücke schneiden und mit Limettensaft und Zucker aufkochen. Vom Herd nehmen, Ahornsirup und Glukose unterrühren. Erkalten lassen.

Mit Sahne und Milch verrühren und 2 bis 3 Stunden ziehen lassen. Anschließend durch ein Sieb passieren und mit Limettenschale abschmecken. In einer Eismaschine etwa 15 Minuten frieren.

Für die Suppe Melonen halbieren, entkernen und kleine Kugeln aus dem Melonenfleisch ausstechen. Den Rest des Melonenfleisches mit einem Löffel auskratzen, Melonenschalen beiseite legen.

400g des ausgelöffelten Melonenfleisches, Pflaumenwein, Puderzucker, Limettensaft und Eiswürfel mixen. Mit Batida de Coco abschmecken.

In die ausgehöhlten Melonenhälften füllen, Melonenkugeln dazugeben, mit Früchten und Minze garnieren und mit Zitronengraseis servieren.

Probieren Sie dieses wahre Geschmackserlebnis. Eine einmalige Verbindung der Aromen von Zitronengras und Pflaumenwein.

mit Zitronengraseis

Grundrezepte

Biskuitteig

Für 1 Boden Ø 26 cm

2 Eier • 60 g Zucker • 40 g Mehl • 20 g Speisestärke • 30 g flüssige Butter

Eier und Zucker über einem warmen Wasserbad schaumig schlagen. Anschließend kalt schlagen. Mehl und Speisestärke mischen, auf die Eiermasse sieben und vorsichtig unterheben. Butter unterrühren.

Schokoladenbiskuit

Für 1 Boden Ø 26 cm

3 Eier • 80 g Zucker • 70 g Mehl • 15 g Kakao • 30 g flüssige Butter

Eier und Zucker über einem warmen Wasserbad aufschlagen, bis eine dickliche Masse entsteht. Anschließend kalt schlagen. Mehl und Kakao mischen, auf die Eiermasse sieben und vorsichtig unterheben. Butter unterrühren.

Mürbeteig

Ergibt ca. 450 g Teig

150 g zimmerwarme Butter • 75 g Puderzucker • 1 Eigelb • 1 Prise Salz
abgeriebene Schale von 1 Orange und 1 Zitrone • 225 g Mehl

Butter, Puderzucker, Ei und Salz verrühren, Orangen- und Zitronenschale dazugeben. Mehl auf die Masse sieben und alles zu einem glatten Teig verarbeiten. In Klarsichtfolie wickeln und mindestens 1 Stunde kühl stellen.

Strudelteig

Ergibt ca. 450 g Teig

250 g Mehl • 20 g Öl • 1 Spritzer Essig • 1 Prise Salz

Mehl, 150 bis 180 ml lauwarmes Wasser, Öl, Essig und Salz zu einem glatten Teig verkneten. Teig mit etwas Öl bestreichen und in Klarsichtfolie eingewickelt etwa 2 Stunden ruhen lassen.

Himbeersauce

500g Himbeeren • 150g Puderzucker • 2cl Himbeergeist • Saft von 1 Limette

Himbeeren und Puderzucker mixen und durch ein feines Sieb passieren. Mit Himbeergeist und Limettensaft abschmecken

Mangosauce

3 weiche Mangos • 100 ml Läuterzucker • 2cl Mangolikör

Mangos schälen, das Fruchtfleisch vom Kern lösen und zusammen mit Läuterzucker mixen. Durch ein feines Sieb passieren und mit Mangolikör abschmecken.

Vanillesauce

250g Sahne • 125 ml Milch • Mark von 2 Vanilleschoten • 60g Zucker 4 Eigelb

Sahne, Milch, Vanillemark und Zucker aufkochen. Mischung in die Eigelbe einrühren und das Ganze über einem heißen Wasserbad schaumig schlagen, bis die Masse cremig ist.

Läuterzucker

500g Zucker • Mark von 1 Vanilleschote • 1 Sternanis • abgeriebene Schale von 1 Zitrone • abgeriebene Schale von 1 Orange

Zucker, 500 ml Wasser, Vanilleschote, Sternanis und Zitronen- und Orangenschale aufkochen. Durch ein feines Sieb gießen und abkühlen lassen. In Flaschen gefüllt im Kühlschrank aufbewahren.

Glossar

aprikotieren
Gebäckstücke mit erhitzter und passierter Aprikosenmarmelade dünn überziehen

Baisermasse
Schaumige Masse aus Eischnee und Zucker

Bénédictine
Französischer Kräuterlikör aus der Normandie mit 43 Vol.-% Alkohol

blindbacken
Mit Mürbeteig ausgelegte Formen werden mit getrockneten Hülsenfrüchten (z. B. Linsen) gefüllt und gebacken. So behält der Teig seine Form, schlägt keine Blasen und der Rand kann nicht herunterrutschen

Buchteln
Gefülltes Hefegebäck, das in einer gefetteten Form aneinandergelegt gebacken wird

Canache
Creme aus Sahne und Kuvertüre, wird als Füllung von Torten, Pralinen und Desserts sowie zum Überziehen von Gebäck verwendet

Cointreau
Französischer Likör aus Bitterorangen und Zitronen mit 40 auch 60 Vol.-% Alkohol

Crème de cacao
Hell- bis dunkelbrauner Likör aus gerösteten und geschroteten Kakaobohnen und einem Hauch von Vanille

Crêpes
Hauchdünn gebackene Eierkuchen mit verschiedenen Füllungen. Spezialität aus Frankreich

dressieren
Mithilfe eines Spritzbeutels (Dressiersack) und Tülle einer Masse eine bestimmte Form geben

Fondant
Glasurmasse, hergestellt durch starkes Einkochen einer Zuckerlösung und anschließendem Verkneten und Abkühlen zu einer pastösen Masse. Kann nach Belieben aromatisiert werden

Fruchtmark
pürierte, auch passierte Früchte

Gelatine
Geliermittel, hergestellt aus tierischem Eiweiß. Wird in Pulver- und Blattform angeboten, 1 Blatt entspricht etwa 2 g Pulver

Germ
Österreichische Bezeichnung für Hefe

Glukosesirup
Verhindert das Auskristallisieren von Zucker beim Kochen von Karamell

Grand Marnier
Französischer Orangenlikör, hergestellt aus Bitterorangen mit einem Alkoholgehalt von 40 Vol.-% Alkohol

Karamell
Braun gebrannter Zucker, durch Schmelzen von Zucker hergestellt

Kipferl
Österreichische Bezeichnung für Hörnchen

Kokosmark
Das Fruchtfleisch der Kokosnuss

Krapfen
Hefegebäck, das im Fett ausgebacken wird

Krokant
Karamell, der mit Mandeln oder Nüssen versetzt wurde

Kuvertüre
Wird aus Kakaomasse unter Zusatz von Kakaobutter und Zucker hergestellt. Eignet sich im temperierten Zustand besonders zur Weiterverarbeitung als Pralinen- und Tortenüberzug oder zum Gießen von Schokoladenhohlfiguren

Läuterzucker
Zuckersirup, der durch Einkochen einer Zucker-Wasser-Mischung hergestellt wird (S. 153)

Nougat
Fein gemahlene Mandeln und Haselnüsse werden geröstet und mit leicht karamellisiertem Zucker und Kakaoerzeugnissen zu Nougat verarbeitet

passieren
Durch ein Sieb streichen

Powidl
Österreichische Bezeichnung für Pflaumenmus

reduzieren
Flüssigkeit stark einkochen lassen

Röster
Österreichische Bezeichnung für Kompott oder Mus

Sabayon
Über einem Wasserbad schaumig aufgeschlagene Sauce aus einer aromatischen Flüssigkeit (z.B. Wein oder Fruchtsaft), Zucker und Eigelben

Schmarrn
In einer Pfanne gebackener, mit 2 Gabeln zerteilter Eierkuchen

Tarte
Französische Bezeichnung für flache Obsttorten

Tartelette
Kleine, blindgebackene Tortenböden, meist aus Mürbeteig, mit pikanten oder süßen Füllungen

temperieren
Kuvertüre oder Nougat wird geschmolzen und auf die richtige Temperatur gebracht (28 bis 31°C)

Topfen
Österreichische Bezeichnung für Quark

Vacherin
Torte oder Törtchen, bestehend aus einem Baiserboden, -rand oder -deckel, gefüllt mit Eis, Parfait oder Creme

zur Rose abziehen
Cremes und Saucen, die nur mit Eigelb gebunden werden sollen, werden bis kurz vorm Sieden auf etwa 90°C erhitzt

Rezeptregister

Impressum

Sie finden uns im Internet unter folgender Adresse:
http://www.falken.de

Wenn Sie Fragen zu speziellen Formen und Küchengeräten haben, die in den Rezepten verwendet werden, dann wenden Sie sich bitte an die folgende Adresse:
Johann Lafer's Table d'Or GmbH, Hauptstr. 3, 55452 Guldental
Oder Sie besuchen die Internetseiten von Herrn Lafer unter der Adresse:
http://johannlafer.germany.net

Dieses Buch wurde auf chlorfrei gebleichtem und säurefreiem Papier gedruckt.
Der Text dieses Buches entspricht den Regeln der neuen deutschen Rechtschreibung.

ISBN 3 8068 7401 8

Umschlaggestaltung: Peter Udo Pinzer
Layout: Michael Wissing
Redaktion: Tanja Schindler
Dessertzubereitung und Foodstyling im Fotostudio: Angelika Besler
Handschriftliche Gestaltung der Texte:
Kalligraphisches Atelier, Camilla Karb, Wiesbaden
Herstellung: Sabine Vogt
Fotos: Michael Wissing

Druck: Appel, Wemding

817 2635 4455